空想科学読本

滅びの呪文で、自分が滅びる！

柳田理科雄

角川文庫
21041

まだまだ書いております

『ウルトラマン』の最終回に登場した怪獣ゼットンは、1兆℃の火の玉を吐く。これに関して僕は、最初の『空想科学読本』に「地球でそんな高温の火球を発生させたら、90光年離れた星の生物まで滅亡する」と書いた。1996年のことだ。

ところが今年になって、それを再計算してみたところ、何度やっても「90光年」という結論にならない。たぶん90光年が計算間違い。どこで間違えたのかさえわからず、20年以上、間違いを放置してきたのかと暗澹《あんたん》たる気持ちになったが、ツイッターに計算式を添付して「正しい滅亡範囲は、半径402光年でした。お詫びします」と書いた。すると、驚いたことに「被害が増えてるやん」「ゼットンますます強くなったね」などと面白がってもらえたうえに、「20年前の記述を訂正するとは偉い」とホメられたりしたではないか。驚いたし、嬉しかった。正直になるものですなあ。

それらのコメントに交じって、結構たくさんあったのが「懐かしいな、空想科学読本」「久しぶりに思い出した」「まだ続いてたの、あのシリーズ!?」といった声である。皆さん、『空想科学読本』のことをオワコンだと思っている!

いやいやいやいやいや、まだ終わっておりません。筆者はまるっきり元気に書き続けておりますぞ。

でも、それも仕方ないかもしれない。筆者のやっていることは20年間変わらないが、ここ数年、メイングラウンドが「子ども向けの本」になっているからだ。

きっかけは、2013年の『ジュニア空想科学読本』（角川つばさ文庫）だった。『空想科学読本』シリーズ既刊のなかから、現在の子どもにも喜んでもらえそうな原稿を選び、文章を全面的に改稿した本。最初は「年に1冊ずつ出せたらいいなあ」くらいに思っていたのだが、これが予想以上に好評で、そのうち年に3冊ずつ刊行するようになった。さらに、同じターゲット向けに、『ポケモン空想科学読本』シリーズ（オーバーラップ）や『スター・ウォーズ空想科学読本』（講談社KK文庫）なども書いている。一方で元祖の『空想科学読本』シリーズは16年の『17』を最後に新刊を発売していないから、本屋さんで児童書コーナーに行かない人（小さな子どもがいない限り、なかなか行きませんよね）にとっては、「柳田理科雄は、もう本を書いていないのだなあ」と思われても不思議ではない状況なのだ。

さて、前置きが長くなったけど、そんなことになっている筆者にとって、この角川文庫は大人に読んでもらえる貴重な機会。KADOKAWAの西條さんに「3冊目を出しませんか」と言われたとき、筆者なりにあれこれ考えて「ベースを『ジュニア空想科学読本』にしてもいい？」と提案し、目次のようなラインナップにさせてもらった次第である。

前述したように『ジュニア空想科学読本』シリーズは、年3冊というハイペースで刊行している。そのため「元祖『空想科学読本』シリーズから原稿を選んで」という方針はとっくに破綻して、4巻目くらいからジワジワと書き下ろし原稿が増え始め、いまでは大半が『ジュニ空』オリジナルの原稿になっている。

で、自分で言うのもなんだけど、この『ジュニ空』のなかに、大人が読んでも充分に楽しめるはず……という原稿が結構たくさんある。もともと子ども向けだから内容を易しくしようとか、ソフトな言葉遣いにしようと思ったことはないのだが、このたびこの角川文庫版を作るにあたって『ジュニ空』を読み直すと、ホントに容赦なく難しい内容を扱っている。よく子どもがついてきますなあ。

そんなわけで、『ジュニ空』シリーズの原稿から、題材は新しいけど好奇心旺盛な大人にも楽しんでもらえそうな原稿を選び、子どもっぽい表現は抑えるなど全面的に手を入れて作り直したのが、本書『空想科学読本 滅びの呪文で、自分が滅びる！』である。イラストは、元祖『空想科学読本』シリーズの近藤ゆたかさんにお願いした。

もし、本書読者のなかに「オワコン」と思っていた方がいらっしゃったら、「お。元気でやってるんだな」と感じてもらえると嬉しいです。また、本書にもゼットン火球の威力について言及している原稿がありますが、そこでの滅亡範囲はちゃんと402光年に改めてあります。

『空想科学読本　滅びの呪文で、自分が滅びる！』目次

天空の城ラピュタは「バルス」の呪文で崩壊、一部だけが昇っていったが、その後はどうなる？

『天空の城ラピュタ』がテレビで放送されるたび、シータとパズーが「バルス！」と叫ぶシーンに合わせて、この呪文を一斉にツイートするのが流行した。筆者は「そんなに多くの人が滅びの呪文を唱えて、地球が崩壊したらどうするんだ⁉」と心配なので、この「バルス祭り」に参加したことはない。

ところが、2017年のテレビ放送を見ているうち、ラピュタ崩壊のシーンの迫力に胸打たれ、筆者はつい次のようなツイートをしたのだった。

「バルス！」によって、天空の城は崩壊した。劇中の描写から、ラピュタの石材が大理石ほどの密度だと仮定して計算すると、重量は2億4千万t。また、ラピュタが漂っていた積乱雲は地上2～12㎞に発生する。仮に高度が7㎞なら、その破片はマッハ1・1で地上に激突する。なんて恐ろしい呪文！（柳田）

これをツイートした途端、5分で千、10分で2千……と、どんどんリツイートされていった。ビックリした。すごいのだなあ、ツイッター。

同時に、多くの方から「空気抵抗を忘れてない？」「終端《しゅうたん》速度の問題があるよ」というリプライをもらった。

また「落下した破片も気になるけど、残ったラピュタはその後どうなるんでしょうか？」という質問が何人もの方から寄せられた。動物たちもロボットもまだいるのに、どんどん昇っていったラピュタのその後を心配されているわけである。

この空気抵抗と崩壊後の問題、どちらも放っておくわけにはいきませんなあ。そう思って、あらためてここで考えてみたい。

空気抵抗も考えると?

まずは、天空の城の瓦解《がかい》について、問題の状況を整理しよう。

ラピュタは壮大な城である。円筒形の建物が二段重なり、下部が黒いドームで覆われ、周囲を回廊が二重に取り囲んでいる。アニメの画面で測定&計算すると、円筒形の1段目は直径1・6㎞、外側の回廊は直径2・2㎞。大理石と同じ密度を持つ石材でできていたとして計算すると、重量はなんと2億4千万tだ。クフ王の最大のピラミッドが521万6400t(『比較大図鑑』ラッセル・アッシュ/偕成社)といわれるから、その46倍もある!

シータとパズーは「バルス!」と叫んで、これだけの石造りの建造物を崩壊させたわけである。

しかも、降ってきた高さがハンパではない。冒頭のツイート文に書いたように、ラピュタは積乱雲のなかを漂っていた。積乱雲は地上2~12㎞にかけて湧き起こる巨大な雲だから、ラピュタがちょうどその真ん中にあったとすれば、高度は7㎞。この高さから落ちた物体が海面(ラピュタは運よく海上にあった)に達するときのスピードは、時速1300km＝マッハ1・1なのだ。

そのエネルギーは爆薬に換算して390万t分だ。地上に被害が出なくて幸いだったが、海中の魚たちは、えらい目に遭ったでしょうなあ。

さて、この「マッハ1・1」という落下速度。ご指摘いただいたとおり、空気抵抗を無視して計算した数値であった。

空気抵抗は、破片の大きさや形や回転、そして落下中に変化する空気の密度（地上に近づくほど大きくなる）などによって変化する。きわめて複雑で、球形以外の物体に働く空気抵抗や、終端速度（空気抵抗によって、最終的に一定になる速度）を計算で求めることは不可能だ。劇中、崩壊したラピュタは、さまざまな形やサイズで無数に分解していたから、筆者はそれを計算するのは早々に諦めてしまった。

しかし筆者の予想を超えて、空気抵抗や終端速度を重視する人がたくさんいらっしゃった。そのあたり、もっとていねいに説明しないと、これまで本を読んでくれた方からの信頼が、天空の城みたいにガラガラと崩れてしまうなあ。しみじみとそう反省しました。

せめて直径1mの球形の破片の場合だけでも……と思って計算してみると、終端速度は時速千kmくらいになります。

ラピュタのその後は？

で、もう一つの問題「ラピュタのその後」である。
呪いの呪文で大部分が崩れた天空の城だが、やがて崩壊は終息し、大木と、その周囲の建物と、木の根の奥深くにはさまった飛行石だけが残った。その木の根に引っかかって無事だったパズーとシータは、小型グライダーに乗ってラピュタを離れる。ゆっくり上昇していくラピュタを見送る2人……。

こうして物語はエンディングを迎えるのだが、その後ラピュタはどうなったのか。大部分が瓦解したものの、廃墟の一部は残っていて、心優しいロボット兵はなおそれを守り続けていたし、周囲には動物や昆虫たちもいた。どんどん天に昇っていったら、彼らの運命は果たして……⁉

劇中では、崩壊が始まった頃から、ラピュタは少しずつ上昇していた。それまで飛行石が持ち上げていたラピュタが、どんどん軽くなっていったのだから当然とも思えるが、これを「飛行石が2億4千万tの力で、ラピュタを支えていた」と考えると、ちょっと困ったことになる。飛行石の力に比べて、天空の城の最終的に残った部分が軽すぎるのだ。

世界でもっとも重いといわれる木は、アメリカのセコイア国立公園にある「シャーマン将軍」というセコイアスギで、推定重量は2500t（『比較大図鑑』）。ラピュタの木がこれと同じ重さで、それを取り囲む建物の重量が同程度あったとしても、合わせて5千tでしかない。

そんなモノを2億4千万tもの力で持ち上げると、自由落下の4万8千倍という激烈な勢いで、バビューン！と飛んでいってしまう。たちまち宇宙へ飛び出し、もしその先に月があったりしたら、わずか40秒後にマッハ5万5千で激突。月面に直径18kmの新たなクレーターが形成される。さようなら天空の城……。

何をどう考えても、筆者がバルス！

いやいや、いまのはナシ！　記憶から消し去ってください。あなたの記憶、バルス！

おそらく飛行石の力は、もっと静かなものであろう。冒頭で、飛行船から落ちたシータがゆっくりと降りてきたシーンなどから、ここでは「飛行石は、その光で照らしたものに働く重力を消失させる」と考えてみたらどうだろうか。

地球は、西から東に向かって、1日1回の「自転」をしている。計算が複雑化しないように、ここではラピュタが赤道上にあると仮定して考えよう。赤道一周は4万kmだから、自転のスピードは4万km÷24時間＝時速1667kmだ。赤道上では、人も動物も山も海も空気も、西から東へ時速1667kmで動いている。ラピュタも、同じ速

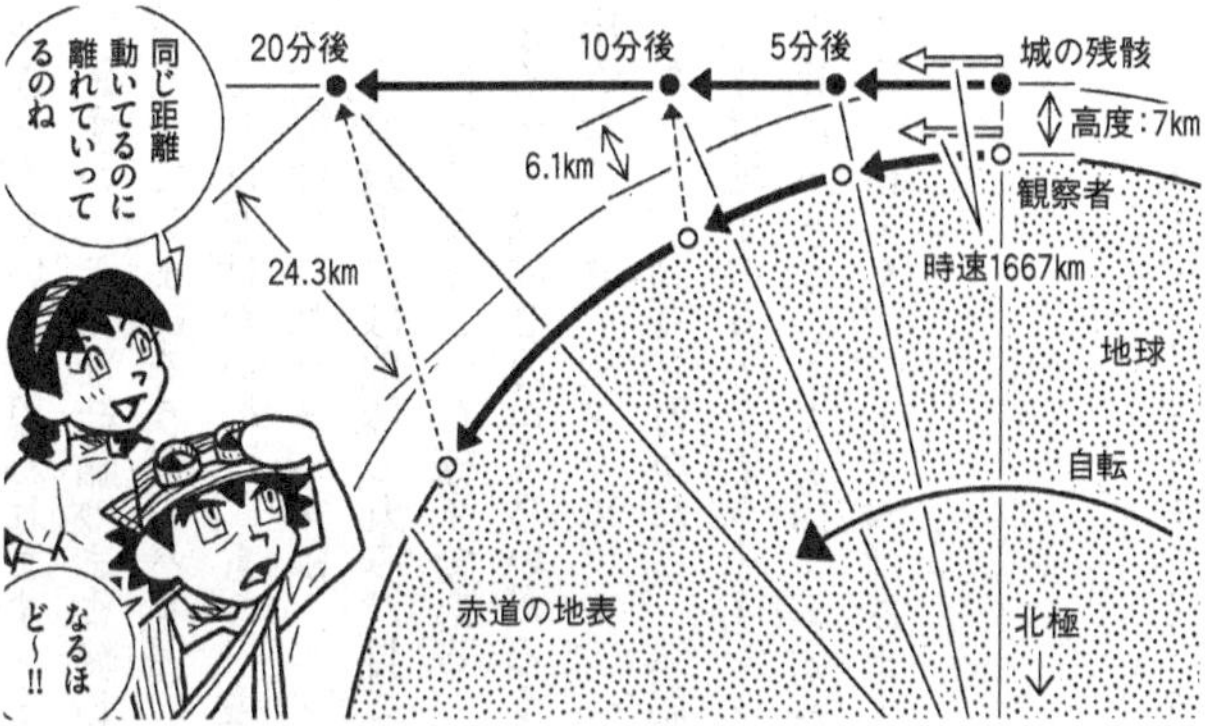

［図1］こうして天空の城は、どんどん地表から遠ざかっていく

度で東に向かって動いていたはずだ。

このとき、ラピュタに働く重力が消失したら？　ラピュタは、そのまま時速1667㎞で東へ向かって進んでいくだろう。一方、地面は地球の丸みに沿って円を描くから、両者の距離は離れていく。計算してみると、ラピュタの高度は1分後に60ｍ、2分後に243ｍ、3分後に546ｍ、4分後に971ｍ、5分後に1・5㎞、10分後に6・1㎞、20分後に24・3㎞。同じ場所から観察し続けると、8時間54分後、ラピュタは西の空に沈んでいく……**【図1】**。

『天空の城ラピュタ』が初上映されたのは、1986年8月2日。仮に、その日からラピュタが進み続けたとすると、これを書いている2018年3月の段階では、地球から4億7千万㎞、火星と木星のあいだの小惑星帯を突き進んでいると思われます。……って、やっぱり宇宙空間まで行ってしまった！
まずい。こんな結論のまま終わってしまったら、これまで読んでくれた読者の信頼を失ってしまいそうだ。バルスの原稿を書いて、自分がバルス……。

それは避けたいので、もう一度『ラピュタ』を見直すと、おおっ、それまで高度を上げ続けていたラピュタは、エンディングの曲の途中で上昇を停止した！

その眼下には地球の丸みが見て取れるから、かなりの高度であることは確かだが、ほぼそこで止まった様子である。山の盛り上がりがハッキリ視認できるところから考えると、高度2万mくらいだろうか。上昇が止まった理由は不明だけど、宇宙に飛び出さなくてヨカッタヨカッタ。

ただし、高度2万mだと、気温はマイナス57℃、空気は地上の14分の1、紫外線の強さは地上の6・7倍。モーレツに過酷な環境であり、動物たちが末永く健《すこ》やかに暮らせたかどうか……えっ、そんな悲惨な予想はダメ？　筆者の信用、やっぱりバルス!?　わーん、ドーラおばさまーっ。

マンガやアニメのキャラクターで
いちばん強いのは誰だ!?

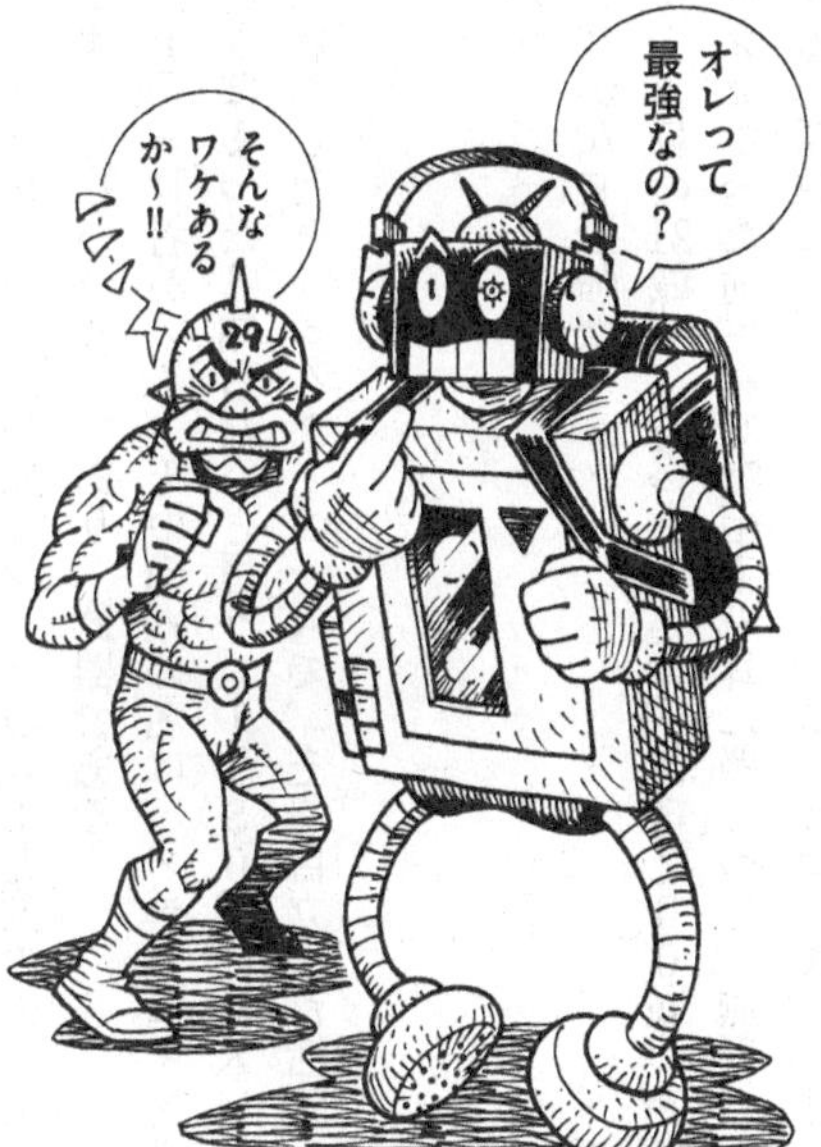

マンガやアニメや特撮映画など、ありとあらゆる「空想科学」の世界で、いちばん強いのは誰か？　この質問は、空想科学研究所のHPにもいっぱい届くし、筆者の講演会などでもよく質問される。確かに気になりますなあ、これ。

ケンシロウの北斗神拳もすごいし、石川五ェ門の斬鉄剣もすごいし、宇宙戦艦ヤマトの波動砲もすごいし、ウルトラマンを倒した怪獣ゼットンの「1兆度の火の玉」もすごい！　どれも本当にものすごく強いキャラであり、武器である。

しかし、それらをはるかに上回る強者がいる。その偉人の名は、ステカセキング！

……といっても、知らない人はまったく知らないと思う。1980年代に大ヒットしたマンガ『キン肉マン』に登場したキャラクターの一人で、そう目立った活躍もしなかった脇役中の脇役なのだ。

ステカセキングとは何者か？

そんな端役《はやく》のステカセキングがなぜ最強なのか？

ステカセキングは、ベルギー出身の21歳で、身長214cm、体重700kgの悪魔超人。その必殺技は、ヘッドホンになった両足を対戦相手の耳に押しつけ、無理やり100万ホーンの音楽を聞かせる「悪魔のシンフォニー」だ。これによって、相手は鼓膜と脳を破壊されてしまうという。

［図1］試合中にムリやりラジオを聞かせるというナゾな技だ！

えー。若い読者の皆さんは、ここまでの文章を「ステカセって何？」と思いながら読んできたかもしれません。えー、80年代に「ステレオカセット」という録音機材が発売され、広く浸透した。それを略して「ステカセ」なんだろうと思われます、たぶん。

さて、主人公・キン肉マンはこのステカセキングと対戦する。キン肉マンのマスクには防音効果があったものの、10万ホーンにしか耐えられなかったため、大苦戦【図1】！　しかし、ステカセキングがキン肉マンに無理やり聞かせていたラジオ番組が、音楽から落語に替わってしまう。これを聞いて元気倍増したキン肉マンは、あっさり逆転勝ちを収めるのだった。

この結果を受けて、7人の悪魔超人のリーダー・バッファローマンは「ステカセキングは、われら7人のなかじゃ、実力的にはいちばん最低」とコメントした。負け方もマヌケだったけれど、どうやら最初から期待されていなかった様子である。

だが、科学的に考えると、バッファローマンの認識は間違っている！　ステカセキングの「100万ホーン」こそ、空想科学の世界で最強と断言できる必殺技なのだ！

ホーンという単位

音の大きさを表す単位には「ホーン」と「デシベル」の2つがある。

ホーンは人間の感覚をもとにしたもので、人間の耳には、音のエネルギーが同じでも、高さによって違う大きさに聞こえる。たとえば、人間は赤ちゃんの泣き声や、女性の悲鳴に含まれる1千ヘルツの甲高い音には敏感だ。黒板を爪でひっかいたときの「キーッ」という3千〜4千ヘルツの音にはもっと敏感。このため、ホーンの値だけでは、音のエネルギーを求めることはできない。

これに対して、デシベルは「1秒間に放つエネルギー」で定義されるので、デシベルがわかれば物理的なエネルギーも求められる。音の高さが1千ヘルツのとき、デシベルとホーンの数値は同じになるように設定されているので、ここではステカセキングの100万ホーンを100万デシベルに置き換えて考えよう。

デシベルという単位は、エネルギーが10倍になったときに10増えるシステムになっている。人間が普通に会話するときの音の大きさは60デシベルだ。70デシベルはその10倍、80デシベルは60デシベルの100倍、90デシベルは1千倍のエネルギーである。つまり、デシベルが10増えるごとに、エネルギーを表す数値は0が1個ずつ増えていく。

そして、音にはオモシロイ性質がある。デシベルの元になる「1秒間に放つエネルギー」の単位は、電力にも使われる「W」なのだが、あのうるさいジェット機のエンジン音が、音の大きさでは120デシベル、1秒間のエネルギーでは、なんと1W！人間は130デシベルの音を聞くと失神するといわれるが、これが10W！

電気スタンドに使われるLEDライトの消費電力が20Wほどだから、音というものは、エネルギーは小さくても、人間に多大なダメージを与えるということだ。

100万ホーンの威力

すると100万デシベルとは、どれほどのエネルギーなのか？　120デシベル＝1Wからスタートして段階的に考えると、その凄まじさがよくわかる。

まず、200デシベルは、120デシベルより80デシベル大きい。すると1秒間のエネルギーは、1Wから0が8つ増えて100000000W、すなわち1億Wということだ。

続いて、1千デシベルは、200デシベルより800デシベル大きい。1秒間のエネルギーは、200デシベルから0が80個増えて1000……（0が88個）倍。日本語でもっとも大きな数である「無量大数」でさえ、0の数は68個だから、これを表す数詞は、日本語には存在しない。

1万デシベルは、1千デシベルより9千デシベル大きいので、0が900個増えて1000……（0が988個）W。

10万デシベルは、さらに0が9千個増えて1000……（0が9988個）W。

そして100万デシベルは、9万個増えて1000……（0が9万9988個）W！

0をまともに羅列してみたい気もするけど、本当にやったら、この角川文庫がほぼ丸ごと1冊、0で埋まります。

新たな宇宙がいっぱい生まれる

ケタが多すぎて、よくわからない。そこで、筆者が過去に検証してきたすごいエネルギーの放出者2名と比べてみよう。

まずは『ウルトラマン』の最終回で、ウルトラマンを倒したゼットンだ。この宇宙恐竜は「1兆度の火の玉」を吐く。高温の物体が1秒間に放つエネルギーは温度の4乗に比例するため、1兆度などという超高温では、エネルギーが激烈なものになり、たった1秒燃えただけで、半径402光年以内の生物を全滅させる。数値で示すと、20000000000000000000000000000000000000000000（0が41個）W。太陽が放つ光の5千兆倍だが、悪魔のシンフォニーは、これより9万9947ケタも強力だ！

『ポケモン』のランターンもすごい。このかわいいポケモンが深海5千mで放つ光は、海面からも見えるという。距離が遠くなると光は弱くなるうえに、海では50m進むごとに光の強さは10分の1になる。この二重の減弱を経て、なお6等星（肉眼で見えるもっとも暗い星）と同じ明るさに見えるとしたら、1秒間に放たれるエネルギーは、200000000000000000000000000000000000000000000000000000000000000000000000000000000000000000000000000（0が98個）W。ステカセキングは、これを9万9890ケタ上回る！

ランターンがゼットンを上回るのも驚きだが、ステカセキングはケタの違いがケタ違いなのだ。

こんなエネルギーが放たれたら、どうなってしまうのか？　この宇宙が始まったビッグバンでさえ、エネルギーは50000000000000000000000000000000000000000000000000000000000000

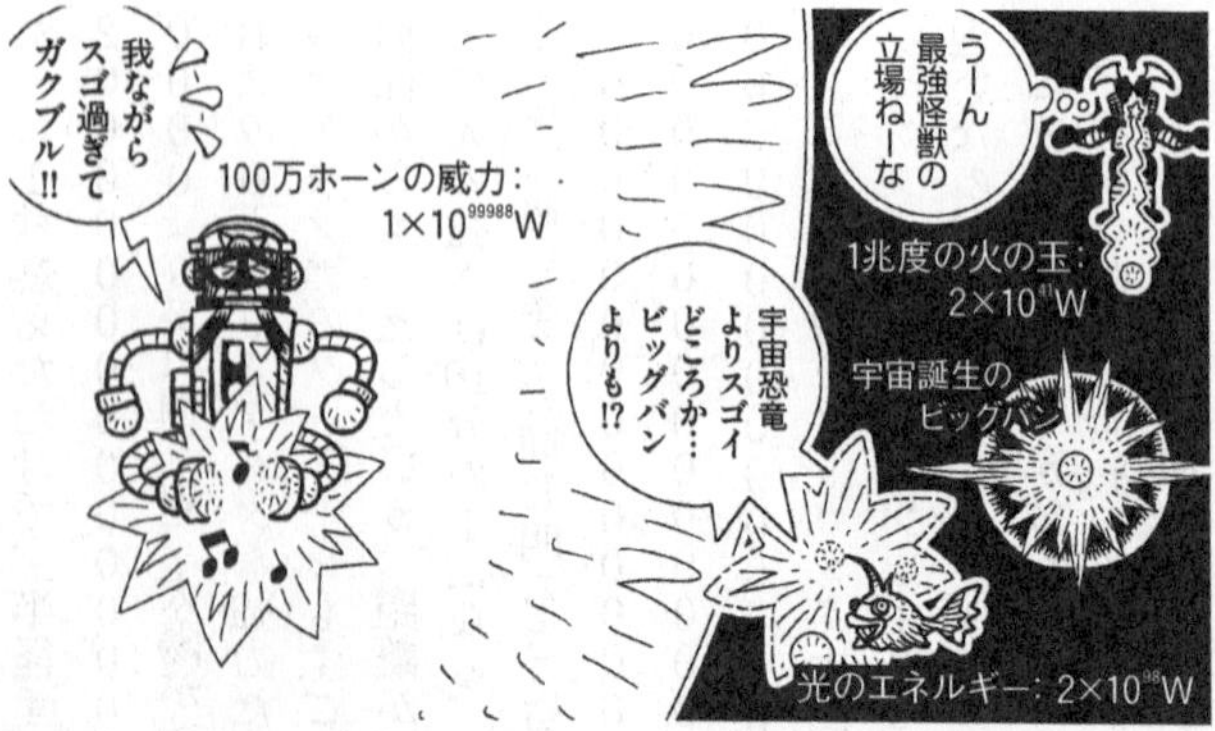

［図2］すごい！　本当にすごい！　キャラはマイナーなのに！

００００００００００（０が72個）Ｊだった。「Ｊ」とはエネルギーの総量の単位で、「Ｗ」に「秒」をかけたものだ。ステカセキングが１００万ホーンのシンフォニーを１秒奏《かな》でただけで、ビッグバンの９万９９１６ケタ上をいくエネルギーが放たれる。つまり、いまある宇宙を吹き飛ばし、１０００……（０が９万９８１６）個の新たな宇宙が誕生してしまう**【図２】**！

もう何がなんだかわかりませんが、筆者がこれまで20余年間、空想科学の研究をしてきた限り、これを上回るキャラは現れていない。シブい脇役ではあるが、科学的に考えれば、コイツが最強なのは確かだと思われます。

『美女と野獣』では、
王子が野獣になったが、
野獣になってうまく暮らせるもの？

身体
大きいし
角カッコ
いいし
毛深いの
好きだから
このままでも
いーのに
♪

たまたまネットで「人気のお姫さまランキング」という記事を見つけた。1位はシンデレラか白雪姫か、はたまた『つる姫じゃ〜っ！』のつる姫か、と思って見てみたところ、なんと『美女と野獣』のベルである。

これにはビックリし、「そうか〜。ベルはケモナーだったのか〜。女子はワイルドな男が好きだからな〜」などと言ってたら、空想科学研究所の秘書から「的外れにもホドがあります！」とアキレられてしまった。うーん、そうなんでしょうか。

現在よく知られている『美女と野獣』は、1756年にフランスのルプランス・ド・ボーモン夫人の筆によるものだという。それは、こんなお話である。

裕福な家庭で、美しく、心優しく育ったベル。不運が重なって一家は全財産を失うが、彼女は不満の一つも口にせず、たくさんの本を読み、植物を愛《め》でながら、穏やかに暮らしていた。

ある日、旅先で疲れ果てた父親が、無人の城に迷い込んでしまう。父親の旅の土産に、姉たちは宝石や香水をねだったが、末娘のベルが望んでいたのは、一輪のバラだった。城の庭に美しいバラの茂みを見つけた父親は、ベルへの土産に一輪を折る。すると、それまで姿を見せなかった城主が現れて「おまえは盗人だ。自分の命か、娘を一人差し出せ」と迫る。その城主こそ、大きな醜い野獣であった。

1ヵ月の猶予をもらった父親は、娘たちに別れを告げるため、自宅に戻った。もちろん、娘を野獣に差し出すつもりなど、毛頭ない。しかし、新潮文庫『美女と野獣』（ボーモン夫人・作　村松潔・訳）によれば、事情を知ったベルは「わたしを連れずにお父様をその宮殿に行かせるつもりはありません。わたしを止めることはできないでしょう」と言う。

こうして美しいベルは野獣の城へ行き、野獣とともに暮らし始めるのだった……。

彼女の名前は「美女」!?

このお話の焦点は、ベルが優しい心を持っていたことだろう。

野獣の恐ろしい外見に惑わされないほど、彼女は澄んだ心の持ち主であった。前掲書によれば、ベルは初めて野獣といっしょに食事をした晩、部屋に戻って「あんなにやさしい心の持ち主なのに、あんなに醜いなんて、本当に残念だわ！」と独りごとを言っている。そして、野獣が親切で、話しやすく、賢いことを見抜き、2人はどんどん仲よくなっていく。

こんなベルは、そのうえ目の覚めるような美女であった。

もともとはフランス語で書かれたお話で、原題を『La Belle et la Bête《ラ　ベル　エ　ラ　ベット》』という。「la Belle」は「美女」という意味だから、「ベル」という名前は、とてもストレートである。日本人にも「美子さん」や「美加さん」など「美」のつく名前は多いけれど、筆者はまだ「美女さん」という名前の人には会ったことがありません。

「ベル」というのが本名でなかった可能性も考えられる。前掲書には「娘たちはとてもきれいでしたが、なかでも末の娘は、人が感嘆するほどで、幼いときには、いつも決まってきれいな子《ベル・アンファン》と称えられ、いつしかベル（美女）と呼ばれるようになりました」とあるからだ。

本名は別だけど、とても美しいので「美女」と呼ばれていた、ということなのかも。しかし、あだ名で「美女」と呼ばれて「は～い」と答える女性って、どうなのか。ちょっと気になるが……。

どんな野獣なのか？

美しく優しいベルにケチをつけている場合ではない。科学的に気になるのは、もう一人の中心人物・野獣のほうだ。

原題にある「la Bête」は、英訳すると「the Beast」で「動物、けだもの、獣」などの意味がある。聖書で「キリストの敵」という表現にも使われているというから、かなり獰猛《どうもう》でキケンな存在……というニュアンスを含んでいるのかもしれない。

物語では、ハンサムな王子が、仙女に魔法をかけられて、この姿に変えられてしまった。科学的に考えるなら、どんな野獣だったのだろうか。

前掲書のなかで、野獣を見た父親が「あまりにも恐ろしかったので気が遠くなりかけたほどでした」とあるだけで、それ以上具体的な描写をしていない。そこで本のカバーや挿絵《さしえ》を見ると、ライオンのような顔に、2本の角《つの》が生えている。他の本や映画などでも、角の生えた姿で描かれているものが多いようだ。

自然界の動物で、頭に角があるものといえば、ウシ、スイギュウ、ヤギュウ、ヤギ、ヒツジ、カモシカ、シカ、トナカイ、キリンなど。サイにも角があるが、サイの角は鼻の皮膚や毛が固まったもので、骨でできたウシなどの角とは別のものだ。

骨でできた角を持つのは、すべてウシ目《もく》（偶蹄《ぐうてい》目）の動物だ。「目」とは、生き物を分類する大きなグループで、その下に「科」や「属」がある。たとえば人間は、サル目（霊長目）ヒト科ヒト属ヒト。サイはウマ目（奇蹄《きてい》目）サイ科で、シロサイ属やクロサイ属などに分かれる。

野獣の角も、その形から骨でできているように見えるから、王子は現存する動物でいえば、ウシ目にされたのだろうか。そういう目で見ると、確かに行動パターンも草食系ですなあ。

だったらベルが食べられてしまう心配はないけど、別の気がかりがある。ウシ目の多くは、一度食べた草を口に戻して嚙み直す「反芻《はんすう》」をする。だから、いつもモグモグ口を動かしている。もし野獣も同じだとすると、ベルの隣でのべつ幕なしにモグモ

［図１］障害が多ければ多いほど、愛は燃え上がる、ともいうよ

グモグ……。さすがのベルも、ちょっと引かないか心配だ【図1】。

そして、反芻するウシ目は、4つの胃を持ち、いちばん大きな第1胃に細菌を飼っていて、食べた草を分解させている。その細菌のなかに、メタンを作るものがいる。メタンは燃える気体だから、火気厳禁に努めないと、城が火事になってしまうかも！

野獣のままでもよかったのでは？

これらのモンダイを乗り越えて、ベルと野獣は仲よくなったのだと思われる。これはもう、ベルは「心が美しい」というより、「ココロがモノスゴ～く広い」女性なんでしょうなあ。

そうすると、考えたくなる。ベルが求婚を受け入れると魔法が解けて、野獣は王子に戻れたのだが、ここまで心が通じ合ったのなら、王子に戻らなくてもよかったのではないか。野獣のままいっしょに暮らし、愛を育む。そのほうが、外見にとらわれないベルの清らかな心が、いっそう光り輝くような気も……。

ただし、そうなった場合、いくつかの問題がある。

例えば、草は肉に比べると栄養価が低いので、時間をかけてたくさん食べなければならず、このため草食動物は睡眠時間が短い。ウシは3時間、キリンは2時間ぐらい。野獣も同じなら、ベルと生活サイクルが合わないだろう。夫婦仲に亀裂が入らないか、ちょっと心配だ。

さらにウシ目に限ったことではないのだが、人間以外の哺乳類は、寿命が短い。ウシは20年、ジャイアントパンダも20年、ツキノワグマ25年、キリン30年。一般に、大きい動物ほど長生きするが、人間は体の大きさの割に、突出して長生きなのだ。ウシと比べると、4倍も長寿である。

逆にいえば、ウシは人間の4倍も早く年を取る。いつまでも野獣のままでいると、たちまちおじいさんになってしまうかもしれん。

この問題に関しては、王子がいつ野獣になったのかも重要だ。もしそれが5年前なら、野獣はその4倍、人間にして20年分も年を取っていることになる。野獣になったのが25歳のときだとすると、すでに45歳。せっかく愛の力で王子に戻れたと思ったら、

［図２］何年野獣で過ごしたかで、人間に戻ったときの姿も変わる……はず

出現したのは人生経験を重ねたナイスミドル**【図２】**！

そういうコトにならなかったのは、魔法の力か、愛の力か。うーん、どちらにしても、やっぱり人間に戻ってよかったのかもしれないなあ。お二人の幸せを祈ります。

『ポケモン』のサトシは「ポケモンより強い」という噂を科学的に考えてみる。

ポケモンの歴史も20年を超え、今やその数は800匹以上！　数え方によっては千匹を超えるともいわれる。そのすべてが個性的な能力を持っているのだから、いやはや、すごいことですなあ。

筆者は『ポケモン空想科学読本』（オーバーラップ）というシリーズも書いていて、いろいろなポケモンについて検証してきたが、研究するほど気になってくるのが「いちばん強いのは、どのポケモンなのか？」という究極の問題である。

ところが！　そんな筆者の耳に「ポケモンの世界でいちばん強いのは、実はサトシなのでは？」という噂が聞こえてきた。その名も「サトシ最強伝説」。なんじゃそりゃーっ。

『劇場版ポケットモンスター キミにきめた！』では、サトシは10歳の誕生日に寝過ごして、第1～3志望のポケモンを入手できず、仕方なく人間になつかないピカチュウと旅に出ていた。そういう残念な人が最強……⁉

にわかに信じがたいが、その可能性がゼロかと問われたら、確かに気になるエピソードもある。そもそもこのヒト、ピカチュウを肩に載せて旅をしているが、ピカチュウは重さが6kgもあるのだ。大きなペットボトル3本分。日常的にそんなモノを持っていれば、体は相当鍛えられるかも……。

うーん、実際のところはどうなんだろうか。アニメ版を見て、少し考えてみよう。

グラードンも持ち上げられる⁉

サトシがピカチュウを肩に載せている問題は、角川文庫『空想科学読本 正義のパンチは光の速さ⁉』でも検証したけど、彼が体に載せるのはこの小さなポケモンだけではなかった。せきたんポケモンのコータスまで背中に載せたりしていて、その重さを調べると、なんと80・4kg……！

その怪力に驚いたのは、アニメ『ポケットモンスターサン&ムーン　1時間スペシャル』の冒頭シーンだ。

アローラ地方の海で、サトシはサメハダーの背中に立ち乗りしていた。しかし、サメハダーは時速120㎞で泳ぐポケモンである。サトシの身長を10歳男子の平均と同じ139㎝とすると、その体勢では25kgの空気抵抗を受ける。

ここで「コータスの80・4kgに比べたら、たいしたことないのでは？」などと油断してはなりません。その直後、サトシが「サメハダー、頼むぞ！」と叫ぶと、このポケモンは海面からジャンプし、ざぶんと海中に飛び込んだのだ。もちろん、背中にサトシ（とピカチュウ）を載せたまま！

自殺行為である。水の密度は空気よりずっと大きく、気温が30℃のとき、海水の密度は空気の880倍。空中から水に突っ込むと、その瞬間880倍の抵抗を受ける。それまでかかっていた25kgの抵抗が一挙に880倍になって、なんと22t！

それでもサトシは、サメハダーの背中のハンドルから手を放さなかった。素直に受け取るなら、22tを超える腕力を持っているんでしょうなあ、このヒト。ポケモン最重量のグラードン（950kg。ゲンシカイキすると999・7kg）さえ、軽々と肩に載せるかもしれないということだ。おそるべし！

俺に向かって10万V!?

科学的に注目したいのは、サトシの電気への耐性だ。このヒトは、これが人知を超えている。

ロケット団も何度も10万Vを食らっているが、彼らはたいてい離れたところで電撃を受ける。空中放電では、距離が遠いほど電圧が下がるから、遠距離にいれば、受ける電圧は10万Vには達していない可能性もある。

ところがサトシは、ピカチュウを抱いた状態で10万Vを食らうこともある。そもそも普通の人間が10万Vをまともに受けたら、どうなるのか。

人間は200Vの電圧を受けると、筋肉が麻痺し、呼吸が止まる（皮膚が乾いた状態の場合。濡れていたら20Vでそうなる）。10万Vはその500倍。だが、受けるダメージは500倍では済まない。

人体が電気から受けるダメージは「電圧×電流」に比例し、電圧が500倍になると電流も500倍になるから、ダメージは500×500＝25万倍に。しかも電圧が千Vを超えると、人体は20倍も電気を流しやすくなるため、この効果も考慮すれば500万倍！　サトシの体重が10歳男子の平均と同じ33・7kgなら、普通だったら、全身の水分が0・3秒で沸騰してしまう。

10万Vとは、それほどすごいのだ。ピカチュウが実在したら、慎重のうえにも慎重に接したほうがいいと筆者は思う。いつ10万Vを放つかわからない生物を、抱いたり肩に載せたりしているサトシは、よほど自らの耐電力に自信があるのだろう。

それどころかアニメ『ベストウイッシュ』第2話では、こともあろうに自ら進んで10万Vを受けていた。ピカチュウが電気を出せなくなって研究所で精密検査を受けていたとき、雷が落ちてきて全身に電気が走る。これでピカチュウが元気になると、サトシはこう叫んだのだ。

「よおし、俺に向かって10万V！」。

なんてコトを言うんだ、サトシ。あんたホントに死んじゃうよ！

だがピカチュウは、何のためらいもなく電撃を放つ。サトシはそれを平然と受けて「いいぞ、その調子でボルテッカーだ！」と次の技を促《うなが》した。

すごすぎる！　サトシとピカチュウの信頼関係がそうさせるのかもしれないが、科学的にはまことに不可解なやり取りである。ぜひサトシこそ、研究所で精密検査を受けてもらいたい。

マグマまであと1m!

耐性といえば、サトシは熱への耐性も特筆に値すると思う。たとえば、アニメ『ポケットモンスターXY』第86話の次のシーンについては、科学的にはもう言葉が見つからない。

火山の火口で、サトシのヒノヤコマと、伝説のポケモン・ファイヤーがバトルになる。ヒノヤコマは戦いのなかでファイアローに進化するが、ファイヤーの炎を受けて、落ちてしまう。下には火口のマグマ! それを見たサトシは、火口の斜面を駆け下りて、大ジャンプ。空中でファイアローを受け止めるが、そのまま火口に落下する!

ここで、ゲコガシラが首に巻いていた泡を投げ、泡は空中で合体してロープとなって、サトシに絡みついた。マグマまで、あと1m! 間一髪で、サトシは無事に引き上げられたのだった。

自分の命をかけてまで、ファイアローを助けようとしたサトシのポケモン愛は本当にすごい。筆者も心から感動します。でもこれ、科学的には「あと1mのところで、マグマに触れなくてよかった〜」などと喜べるシーンではない。

マグマの温度は800〜1200℃。火口にたまったマグマのように、熱いものが平面状に広がっているときは、その近くにある物体は、放射熱によって同じ温度に加熱されるのだ。1mという至近距離では、サトシも800～1200℃になったはず！　れっかポケモンのファイアローは平気かもしれないが、サトシが普通の人間だったら、全身が炎上しても不思議ではないところだった。

食べたカレーは280杯

そしてもう一つ。サトシは食欲も驚嘆に値する。アニメ『サン&ムーン』の第29話で、サトシたちはキャンプに来て、ネマシュに出会った。

ネマシュは光の胞子を出して相手を眠らせ、エネルギーを吸い取るポケモンだった。そんなネマシュと仲よくなりたいと思ったサトシは、自らのエネルギーを与えつつカレーを食べまくる。何度もやせてはカレーを食べて元に戻り、ついにネマシュを満腹にさせたのだった。

一見ナットクしそうなシーンだが、この食欲は超人的である。人間がやせたり太ったりするのは、体脂肪の量が変化するからだ。サトシの体重が前述のように33・7kgだとしよう。普段の体脂肪率が20％で、ネマシュにエネルギーを奪われて5％になることを繰り返したとすれば、5・3kgの脂肪が増減したことになる。これに含まれるエネルギーは4万8千キロカロリーだ。

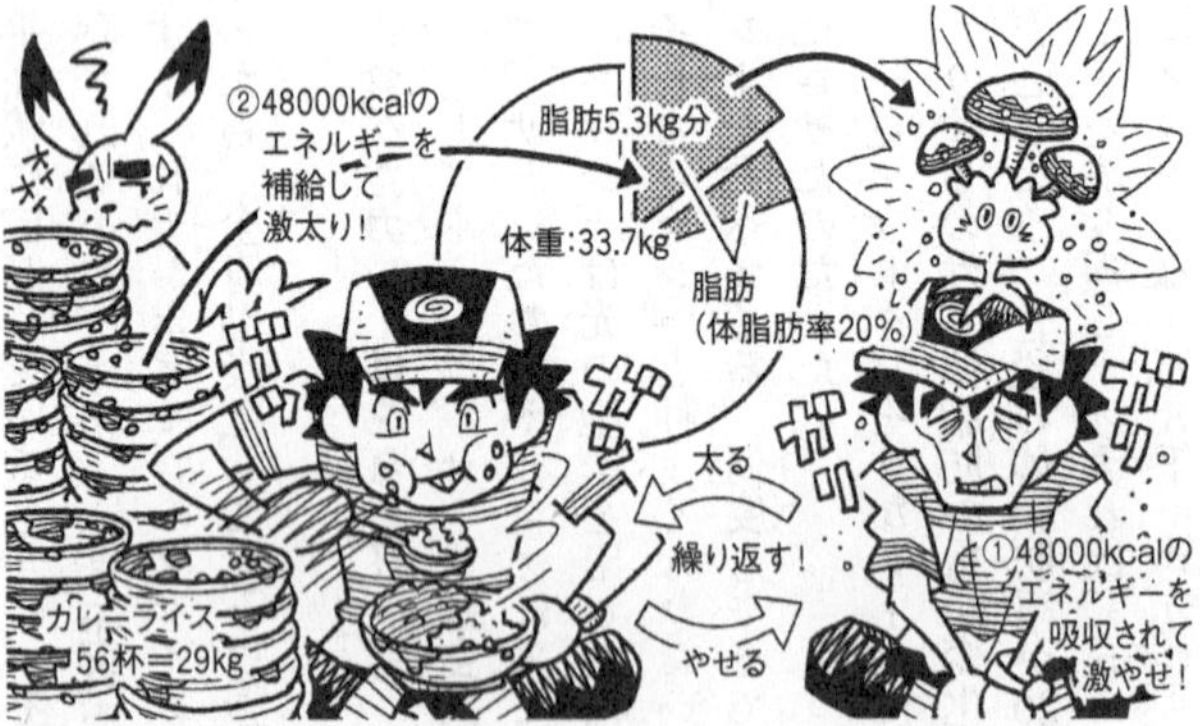

［図1］こんなことができるとは、やはりモンスター以上では!?

あるサイトには「516・3gのカレーライスには、862キロカロリーのエネルギーが含まれる」とあった。これで4万8千キロカロリーを補給するには、56杯（29kg）を食べる必要がある。サトシはやせては復活することを何度も繰り返していたが、仮にそれが5回だとすると、食べたカレーは、なんと280杯【図1】！

うーん。調べれば調べるほど、超人芸が出てくるなあ。最強かどうかはわからないけど、それ以前に筆者は「サトシはもはや人間ではなく、ポケモンでは？」という気がしてきました……。

新聞の広告でおなじみ『三国志』の孔明は、どれほど頭がよかったのか？

「日経電子のばーん！」の広告に登場している、横山光輝《よこやまみつてる》先生の『三国志』の武将たちがすごくオモシロイ！

魏《ぎ》の曹操《そうそう》が「働き方改革」に力を入れ、呉《ご》の孫堅《そんけん》が「シェアリングエコノミー」に着目し、仕事でミスをして自信を失う蜀《しょく》の劉備《りゅうび》に対して、軍師・孔明《こうめい》が「日経電子の版！」と一喝。わははは、実によくできている！

『三国志』の舞台は2世紀末、後漢王朝が弱体化し、国が乱れに乱れていた頃の中国である。多くの武将たちが激しく戦い、共闘、裏切り、策謀が渦巻くなか、やがて魏、呉、蜀の3つの国にまとまっていった。

この三国の興亡を、3世紀末に西晋の陳寿《ちんじゅ》が著した歴史書が『三国志』で、そこから生まれた伝説や説話を14世紀に明の羅貫中《らかんちゅう》がまとめた小説が『三国志演義』であった。

そしてこの『演義』を土台に、日本でもさまざまな『三国志』が書かれた。なかでも吉川英治《よしかわえいじ》の小説が広く読まれ、その「吉川三国志」を元に、横山先生が15年をかけて描かれたマンガが、ここで紹介する『三国志』である。

横山先生は『鉄人28号』『魔法使いサリー』『伊賀の影丸』『バビル2世』など、さまざまなジャンルでヒット作を描かれたすごい人である。ここまで広く活躍できるマンガ家さんは珍しい。絶妙なコマの配置によるリズム感がすばらしく、コミックスで

60巻もある『三国志』もスラスラ読める。

——以上、マンガ『三国志』誕生の経緯でした。歴史あるコンテンツだけに、何行もかかったなあ。

つまり冒頭の広告では、1800年前に中国を席巻《せっけん》した武将たちが、時空を超えて「新聞の電子版で、ビジネスの最新情報を入手しよう」と言っているのだ。考えてみたらすごい話だが、劉備の軍師・諸葛亮《しょかつりょう》孔明など、他をまったく寄せつけない才知の人であり、この孔明に「日経電子の版」を勧められたら、筆者などもつい購読申し込みをしてしまいそうになります。

本稿では、横山先生のマンガから、孔明がいかにすごい人だったかを見てみよう。

ホタルと月の違い

劉備には、関羽《かんう》、張飛《ちょうひ》という勇猛な義兄弟や、趙雲《ちょううん》という猛将がいた。彼らはメチャクチャに強く、忠義にも篤《あつ》かったが、将来を見通す力に欠けていた。そこで、劉備が軍師を探していたところ、徐庶《じょしょ》という優れた兵家が「当代の大天才」と推薦したのが孔明である。

孔明はどれほど優秀だったか。徐庶はその人物像について「上《かみ》は天文に通じ　下《しも》は地理《ちり》民情《みんじょう》をよく悟《さと》り　六韜三略《りくとうさんりゃく》（中国古代の兵書）をそらんじ　並の兵家ではござい

[図1] 天才たちは、会話もいちいちすごいなあ

ません」と述べている。そして、自分と比較して「拙者が蛍とすれば　孔明は月のようなもの」とまで言う。

これはすごい。徐庶も2千の兵で、2万5千の敵を全滅させたほどの兵家なのに、ホタルと月。もちろん「比べ物にならない」という喩《たと》えだろうが、あえてまっすぐ受け取ると、どうなるか。

光の明るさを比べてみると、月はホタルの16垓《がい》倍である。数字で書けば1600000000000000000000倍！　孔明はそれほどの超天才だというのだ。ソラ恐ろしくなりますなあ**【図1】**。

劉備は孔明の家を三度も訪れ、ようやく軍師として迎えることができた。ここから生まれたのが「三顧《さんこ》の礼」という言葉で、いまでも「優秀な人に礼を尽くして、自分の仲間になってもらう」といった意味で使われる。うーん、一度は受けてみたいものだなあ、三顧の礼。

筆者はずっと昔、大学で「物理学科に進ませてください」と3回希望して3回断られ、最近は「こんな本を作りましょう」と出版社に3回持ちかけて3回断られました。とほほほほ〜。

赤壁の戦いの勝ち方

筆者の話はどうでもよくて、孔明のすごさである。彼がその才知を余すところなく発揮して有名なのが、赤壁《せきへき》の戦いだ。

魏の曹操が50万の大軍を南方に差し向け、荊州《けいしゅう》という国を奪って、85万に膨れ上がった。この危機を打開するために、孔明はもう一つの大国・呉を曹操に立ち向かわせるのが得策と考え、自ら呉に乗り込んで、巧みな弁舌で王・孫権《そんけん》と大将軍・周瑜《しゅうゆ》の心を打倒曹操に向けさせる。ところが周瑜は、孔明のあまりの才覚を恐れ「今のうちに殺しておかねば呉の災いとなる」と考えるようになってしまった。デキるヒトというのも大変ですな。

そして周瑜が押しつけてきたのが「十日で十万本の矢を作ってほしい」という無理難題。できなければ、それを理由に孔明を打ち首にしようというのだ。

それに対して、孔明はどうしたか。涼しい顔で「三日の間に作りあげましょう」と答えたのである。えっ、そんな安請《やすう》け合いをして、大丈夫!?

矢は、「簳《やがら》」というまっすぐな棒に、先端に突き刺すための「鏃《やじり》」、後方にまっすぐ飛ばすための「矢羽《やばね》」、最後尾に弦にかけるための「筈《はず》」をつけて作る。組み立てるだけで、1本あたり30分はかかるだろう。

すると1日に15時間働いても、1人1日30本。10日で10万本とは1日1万本だから、333人の職人が必要だ。これに簳や矢羽を集め、鏃を鍛造《たんぞう》し、筈を削る手間を考えると、どれほどの人員が必要なことか……。

しかし、孔明はそんな常識的なことは考えていなかった。

二十余艘《そう》の船に30名ずつの兵を乗せ、ワラ人形を立て、青い布で覆い、夜を待って曹操の陣へ近づいたのだ。深い霧が立ち込めてきたこともあり、曹操軍は呉軍の夜襲と思い込んで、大量の矢を放つ。矢は、次々に船に命中！

頃合いを見て、孔明は矢でハリネズミのようになった船を引き揚げさせた。一艘には7〜8千本の矢が刺さっていたというから、二十余艘だと総計おそらく15万本以上！　こうして孔明は、約束どおり「3日で10万本」の矢を手に入れたのだ。しかも、敵の軍備を削り、味方の軍備を増強したのだから、一石二鳥。戦いというのは、こうして勝たねばならんのだなあ**【図2】**。

［図2］まあまあ、好き嫌いはあるだろうけど、それはともかく

この作戦が成功したのは、深い霧のおかげだろう。霧を予想していたのかと聞かれた孔明は「こんなことは大地の気温　雲行風速《うんこうふうそく》を見ていれば　漁師でも予測のつくことでござる」と答える。

　具体的には、どういうことか？　現在の科学で考えると、霧が発生するのは、湿度が高く、気温が急激に下がった場合だ。川の上だから湿度は充分だろう。そして船を出す前、孔明は満天の星空を見上げていた。晴れた夜は、地面から宇宙に向かって熱が逃げる「放射冷却」で気温が下がる。孔明は、肉眼で空を見る「観天望気《かんてんぼうき》」から、すべてを読んでいたのだと思われる。

　この後、孔明は風向きが変わることを予想して、曹操軍の船団に火を放ち、赤壁の戦いを圧倒的な勝利に導いた。このヒト、ものすごく科学に長けた軍師だったのだ。すごい人だなあ。

こんな孔明に勧められてしまったら、やっぱりちょっと申し込みたくなりますね、日経電子のばーん！

『ヒロアカ』の轟焦凍は、右手で凍らせ、左手で燃やす。科学的にスバラシイ奴だ！

『僕のヒーローアカデミア』の轟焦凍《とどろきしょうと》は、すばらしく人気がある。

コミックス第7巻の「第1回キャラクター人気投票」では、主人公・緑谷出久《みどりやいずく》に次いで2位を獲得。体育祭の最終種目「個人戦」で焦凍を破った爆豪勝己《ばくごうかつき》（3位）をも上回っている。筆者のところにも「なぜ轟焦凍くんの研究をしないのですか？」「爆豪は扱っておきながら、焦凍くんは無視する気⁉」「焦凍くんに注目を！」など、お叱りのお手紙やメールが送られてきます。ひ〜、すみません〜。

オールマイトに次ぐNo.2ヒーロー・エンデヴァーを父に持つ轟焦凍は、雄英高校に特待生として入学した。もちろん成績は優秀。だが、彼には深い影がある。

焦凍の〝個性〟は、半冷半燃《はんれいはんねん》だ。右手であらゆるものを凍らせ、左手からは灼熱の炎を出すことができる。この両極端な能力は、それぞれ母親と父親から受け継いだもの。どうしてもオールマイトに勝ちたいエンデヴァーが、氷を出す〝個性〟の女性と強引に結婚し、計画どおり半冷半熱の焦凍をもうけたのだ。

オールマイトを超えるヒーローになるべく、彼は英才教育を施されるが、その状況に母親は心を病んでしまった。焦凍の左の顔には火傷の跡があるが、精神的に追い詰められた母親が、彼の左顔に煮え湯をかけたときのものだという。

なかなかツライ家庭環境である。そんな焦凍クンに、人生の先輩としてワタクシに言えることは……と考えてみたけど、何一つありません。とほほほ、筆者も修練が足りんのう。

ただ、科学的な視点からは、声を大にして言いたいことがある。焦凍のこの「半冷半燃」は、ヒジョ～にナットクできる！

凍らせ能力の問題点

轟焦凍がその〝個性〟を初めて見せたのは、入学して間もない頃、授業の一環として行われた「屋内対人戦闘訓練」のときだった。

焦凍は、尾《お》白《じろ》猿夫《ましらお》（尻尾がある）と葉隠《はがくれ》透《とおる》（体が透明）の足を床に凍りつかせて勝利する。そして、左手から弱い炎を出して解凍してやった。これにナレーションがこう続いた。

右で凍らし　左で燃やす！　範囲も温度も未知数!!　化け物かよ!!

「凍らす」と「燃やす」。右手と左手で、まったく逆のことができるのだ。ナレーションは「化け物かよ!!」と驚いているし、確かにそんな印象を受けるが、はたしてそうだろうか。

マンガやアニメには、空中から雪や氷を出したり、海を凍らせたり……など「氷雪能力」を持った人々がたくさん登場する。だが彼らの能力には、科学的に見過ごせない点がある。

空気中の水蒸気を凍らせるにも、海を凍らせるにも、熱を奪わなければならない。われわれは氷に触ると「冷たさ」が手に伝わってくるように感じるが、実際には手の「暖かさ」が氷に奪われているのだ。その「暖かさ」とは、科学的にいえば「熱」。水や水蒸気から、熱が別のところに移動して失われることによって、雪や氷が生まれたり、海が凍ったりするのである。

身近なところでいえば、冷蔵庫やクーラーは、庫内や室内の空気から熱を奪っている。その結果「冷える」のだが、冷蔵庫もクーラーも、奪った熱をそのまま持っていたら、自分の温度が上がってしまう。だから、冷蔵庫は裏側や側面から熱を放出し、クーラーは室外機から熱風を噴き出す。冷やし続けるには、奪った熱を外に捨てる必要があるわけだ。

同じ問題が、マンガやアニメの「雪を出したり海を凍らせたりするキャラ」にも降りかかるはずである。奪った熱を体にためると、体温が上がる。すると、体に負担がかかるばかりか、氷雪系の技は出せなくなるだろう。じゃあ、彼らはその熱をどこに捨てるのか？　不用意に捨てると、捨てたところが灼熱地獄に……。科学的に考えれば、氷雪系の人たちには、そういった問題がつきまとう。

その点、焦凍はどうだろう？

そう。奪った熱の行方がハッキリしている！　右手で氷を作るために奪った熱を、

[図1] 科学的にヒジョ〜に納得できるヒトです

左手から炎を出すことによって、きちんと放出している！　熱の収支がヒジョーに明確なのだ。すばらしくないですか、これ!?

凍らせた分、熱もすごい！

この〝個性〟は、威力の面でもナットク度が高い。氷をたくさん作るほど大量の熱を奪えるから、放出する炎も強力になるだろう。

その威力はどれほどか、具体的に考えてみよう。たとえば、気温が20℃のとき、空気に含まれる水蒸気の温度も20℃になっている。これをマイナス10℃の氷にする場合を考えよう。それには次の4つの段階を踏んで、そのたびに次の熱を奪う必要がある。

①20℃の水蒸気を20℃の水にする　1kgあたり540キロカロリー

②20℃の水を0℃の水にする　1kgあたり

20キロカロリー
③0℃の水を0℃の氷にする　1kgあたり80キロカロリー
④0℃の氷をマイナス10℃の氷にする　1kgあたり5キロカロリー
合計で645キロカロリーだ。
つまり1kgの氷を作るには、右手で645キロカロリーの熱を奪わなければならない。その結果、焦凍の場合は、左手で645キロカロリーの炎の攻撃ができる。TNT爆薬は1gあたり1キロカロリーの熱を放出するから、爆薬645g分。標準的なダイナマイトは1本200gなので、氷を1kg作るだけで、ダイナマイト3本分を超える攻撃が可能になる【図1】！

同時に使えるようになったら?

そのうえ、焦凍が作る氷は1kgどころではない。
体育祭で1対1バトルのトーナメントが行われたとき。1回戦で瀬呂範太《せろはんた》（両肘からセロハンテープ状のものを発射する）と当たった焦凍は、体育館のドームを突き破るほどの氷を作り、範太を氷漬けにした。画面で氷の大きさを測ると、推定重量は3600tほど。焦凍は「すまねえ……やりすぎた」と謝っていたが、体育館を突き破るほどの氷を作るとは、確かにやりすぎであろう。

［図2］そのモノスゴイ熱を早く放出するんだッ！

この巨大な氷を作るために、焦凍は空気中の水蒸気から、23億キロカロリー＝爆薬2300t分の熱を奪ったはずである。もし、この熱エネルギーを一気に左手から放てば、半径1㎞以内が爆風で吹き飛ぶ！

だが焦凍は、この熱を攻撃には使わなかった。冒頭に書いたとおり、彼の左手の火を出す〝個性〟は父親から受け継いだものだ。父・エンデヴァーに対して反発心を抱く焦凍は、その〝個性〟は戦いでは使わないと決意していたのだ。

気持ちはわかるが、焦凍くん、奪った23億キロカロリーの熱は、すぐに放出しないと体温が激烈に上がるよ。キミの体重が60kgの場合、氷を作ることで奪った熱23億キロカロリーを体内に溜め込んでいたら、体温は4600万℃に……**【図2】**！

そう心配して、マンガのコマをよく見ると、「すまねえ」と謝ったシーンで、焦凍は今度も氷を左手の熱で溶かしてやっている。優しいヤツなのだ。そしてそれは、自分の身のためでもある。できれば、もっとすごい勢いで熱を放出したほうがいいと思うが……。

その後、焦凍は出久との戦いを経て、両親へのわだかまりも薄れて、左手の炎の〝個性〟も使うようになった。スバラシイことだ。そして、コミックス9巻の「THE・個性伸ばし訓練　ちょっと補足のコーナー」には、焦凍についてこう書いてある。「熱湯に浸かりながら氷結を続けています。連続使用によって体が冷えてしまうのを防ぎながら続けることで、体が氷結に慣れていきます。また、湯の温度を一定に保つよう左側も使っています。これは炎熱の温度調整を可能にする為の試み。彼の〝個性〟は伸ばしていけば同時使用も夢ではないでしょう」。

おお、なるほど。同時に使えるようになったら、それはいよいよ理想的。体内の熱の流れはスムーズになり、氷と炎の強力な攻撃をいつまでも続けることができるだろう。

父親との確執を完全に克服したとき、焦凍はめちゃくちゃ強くなると思う。今後の彼にますます注目だ。

子どもがよく言う
「いつ？　何時何分何秒？　地球が何回まわったとき？」に、
スッパリ答えよう！

子どもが友達とケンカになったときの罵《ののし》り言葉がオモシロイ。

筆者が子どもの頃は「おまえの母ちゃんデ〜ベ〜ソ〜」などと言っていた記憶があるが、いま思えば、アキレるほどレベルが低い。身体的な特徴をネタにするのもどうかと思うし、そもそもなぜ母ちゃん？　矛先《ほこさき》がそちらへ向かうのが、意味不明……。

それに比べると「いつ？　何時何分何秒？　地球が何回まわったとき？」というのは、かなり理知的である。

しかもこの罵り言葉、筆者が子どもだった時代には「地球が何回まわったとき？」というのはなくて、「いつ？　何時何分何秒？」だけだったような気がする。でもそれだと、適当に「午後3時58分17秒だ！」などと言い返されたときに困ってしまうから、相手が絶対に答えられない超難問が加わったのかもしれませんなあ。

さて、この「地球が何回まわったか」という言葉だが、これは科学的にきわめて興味深い問題だ。地球が現在までに、いったい何回まわってきたか、言われてみれば非常に気になる。ぜひとも細かく計算してみよう。

自転は遅くなっている

地球は1日に1回、自転している。また、1年に1回、太陽のまわりを公転している。その「1年」とは、正確には365・2521904 0日だ。

地球が生まれたのは46億年前と考えられている。太陽のまわりを回っていた岩石が集まってできたので、生まれたときから自転も公転もしていた。そして、この角川文庫版『空想科学読本　滅びの呪文で、自分が滅びる！』の発売日は、２０１８年７月25日。

ちょっと強引だけど、その日からピッタリ46億年前に地球が誕生した……と仮定しよう。その場合、右の要素から、地球が２０１８年７月25日までに自転してきた回数を単純計算すると、次のとおりになる。

３６５・２５２１９０４０×46億＝１兆６８０１億６０００７万５８４０回

よーし、明日からはこの数字を使って相手を罵ろう！　と思った読者のあなた、ちょっと待っていただきたい。それはまだ早いです。科学的にきちんと考えるなら、地球の自転は、少しずつ遅くなっているからだ。

生物が化石に残した痕跡から、６億年前、１日は22時間だったことがわかっている。つまり、地球はその頃22時間で自転していた。また地球が誕生した46億年前は、１日は4時間だったとも、６時間だったともいわれている。いまよりはるかに速くグルグルまわっていたわけだ。

なぜ地球の自転が遅くなっているかというと、その原因は「潮の満ち引き」にある。

［図1］こうして地球の自転は遅くなっている

地球の「月に向いた側の海面」は、月の重力に引っ張られて盛り上がっている。また、反対側の海面は、他の場所より月の重力が弱いので、やはり盛り上がっている。このため、宇宙から見ると、海はわずかにゆがんで、卵のような形になっている【図1①】。

その盛り上がった海に、地球の自転によって、陸地がぶつかる。これでエネルギーが失われるため、地球の自転は少しずつ遅くなっているのだ【図1②】。

こういった状況まで考慮に入れて計算するならば、地球が2018年7月25日までに自転した回数は、4兆6408億7870万6358回となる。

もちろん、読者の皆さんがこれを読む日はバラバラだろう。右は本書発売日時点での回転数なので、ここに「2018年7月25日から知りたい日までの日数」を足せば、正確な数字になります。たとえば、2019年1月1日なら、7月25日から160日経っているわけだから、右の回転数に160を足して、4兆6408億7870万6518回。ふむ。これで「地球が何回まわったとき？」と聞かれても、科学的に正しい答えを返せますぞ！

公式を作ってしまった！

いや、待て待て。この回転数は「日」の単位にしか対応していない。前述の4兆6408億7870万6518回というのは、2019年1月1日が始まる午前0時までの回転数なのだ。「地球が何回まわったとき？」の前には「何時何分何秒？」という質問があるのだから、相手の問いかけに誠意をもって答えようと思ったら、それも考慮した回転数を求めるべきだろう。

地球の自転は1日に1回だから、これを自転の回数で表すには、小数を用いるしかない。1時間は3600秒、1日は8万6400秒なので、「時」を24時間法で表せば、次の公式が成り立つことになる。

地球が回った回数＝4兆6408億7870万6518回＋2019年1月1日からの日数＋(時×3600＋分×60＋秒)÷8万6400

うーむ、筆者は以前、画期的な「オナラ飛行の方程式」を導いて発表したことがあるのだが、それに対して「役に立ちました！」という反応は皆無であった。今回も同じことになりそうな予感がしますなあ。

だが、これで具体的な回転数を求められることは間違いない。たとえば、それが「2019年2月3日午後4時56分33秒」だとして、数字を当てはめていくと……。

「2019年1月1日からの日数」は、1月が31日＋2月が前日まで2日＝33日。

小数点以下が（16×3600＋56×60＋33）÷8万6400＝6万993÷8万6400＝0・7059375となるから、

地球が回った回数
＝4兆6408億7870万6518回

というわけで、「いつ？　何時何分何秒？　地球が何回まわったとき？」と言われたら、「2018年2月3日午後4時56分33秒！　地球が4兆6408億7870万6551・7059375回まわったときだ！」と答えれば、科学的には完璧です。

まあ、言い合いの最中にこんな細かい計算をしていたら、相手は呆れて、モメごとも収まってしまうような気もするけどね。

『ポプテピピック』で、
ポプ子は竹書房のビルを破壊していたが、
この行為を本気で考える。

筆者には『ポプテピピック』が全然わかりません！

なのに、読者からはどんどん質問が届く。ベーコンムシャムシャくんって何者ですか？　サンバ師匠は何に傷ついたのですか？　竹書房彦摩呂という人は実在するの？　知らーん。質問の内容もわからーん。マンガを読んだら、さらに混乱した。深夜のアニメも見たけど、全然ついていけません。ポリスメーン！

いま話題の作品とはいえ、まだ『ポプテピピック』を読んでない人もいると思うので、どんな内容か、一つだけ紹介しよう。ホントにワケわかんないですぞ。
①ポプ子「私　ハリフキダシ見ると死んでしまいます」。ピピ美、ハリフキダシで「えッ!?」
②ばったり倒れるポプ子。ピピ美、ハリフキダシで「えッ!?」
③魂が天に昇っていくポプ子。ピピ美、ハリフキダシで「えっ!?」
④魂のポプ子から、さらに魂が天に……。ピピ美、ハリフキダシで「えっ!?」
わはははっ。あ。つい笑ってしまった。全然わからんのに。

こんな筆者でもすごいと思うのは、右の4コマに、絵が3種類しか登場しないことだ。「普通のポプ子」「倒れたポプ子」「驚いてるピピ美」。この3つだけが繰り返し出てくるのだが、まったく同じ絵を何度も描くのは技術的にかなり大変ではないかなあ。

などと書いていたら、横から見ていた空想科学研究所の所長の近藤くんが「いや、それコピペだから。『ポプテピピック』がまた低燃費しおったぞい、とツッコむところだと思うよ」と言ってきた。えっ⁉　あ。そういうことなの？　うーん。

ますます頭を抱える筆者に、所長は「柳田クンは、わかろうと思わなくていいから。自分の気になるところだけ書けばいいから」。なんだか気になる言い方だが、自分が気になるところだけでいいの？　だったら当然、科学的なこと限定になるよ。このマンガにそんなアプローチでよいの？

『ポプテピピック』の科学①

だが所長のお墨付きが出たから、ダーッとやっていくぞよ。え、違う？　ぞい？

行頭の話数は、各4コマの上に記してあるナンバーなので、コミックスをお持ちの方は、照らし合わせながらお読みください。マンガを読んでない人には全然わからないだろうけど、筆者はマンガを読んでもわからなかったのだから、問題ないぞよ。

［8話］まずはこれ。TV通販の運動グッズで、腹筋が100個に割れた！　一般的に「腹筋」と呼ばれる「腹直筋《ふくちょくきん》」は、左右に2本あり、それぞれ3～4の「腱画《けんかく》」で分かれている。したがって、割れても6～8区画が限界。100個に割れるって、どんな腹直筋なんだ⁉

［14話］これにも驚いた。ピピ美がポプ子に壁ドンしたら、壁と床が抜けてL字型に

なり、レールの上を走っていく！　物理的にあり得ない現象である。なぜなら、ピピ美の手は壁を前方に押しているけど、足は壁と一体になった床を後ろに押しているから。本当にこれができたら、無から有を生む次世代のクリーンエネルギーになる。

［24話］メガネを探すうちに、ポプ子は宇宙へ。そこには、メガネを頭にかけながら、メガネを探しているおじいさんが。そんなところまで行ったからには、２人とも第一宇宙速度＝秒速7・9㎞＝マッハ23を超えているはず。

［35話］ポプ子が「今日も元気だ　セルライトが光る」と言うと、ピピ美が「セルライトは光らない」と反論。セルライトは皮下脂肪が老化して、皮膚に凹凸が生じたものだから、確かに光らない。

［70話］マリンバを叩きながら右へ右へと進むポプ子。最後はスキーのジャンプ台から飛び出す。これにはびっくりした。スキージャンプの離陸速度は時速85㎞にも達する。鍵盤の幅を5㎝として、滑りながらすべて叩いていったとすると、離陸の直前は1秒間に472個を叩いたことに！

［102話］ポプ子がギュルルルッと後方回転中。床が前方に飛び去ったのだという。そうなったら確かに体は仰向けに倒れるだろうが、いつまでも回転してるのはナゾ！

［143話］にきびケアの薬で、まさやんが溶けた。にきびケアの薬には、ビタミンC誘導体やイソプロピルメチルフェノールなどが含まれている。後者で溶けるとした

ら、まさやんはニキビの原因となるアクネ菌だったのでしょう。

『ポプテピピック』の科学②

自分でも何書いてんだと思いながらも、なんだか楽しくなってきました。オメー、さては信者だな。で、ここからは第2シーズン（コミックス2冊目）。

［188話］「幸福な王子って話しってる?」と聞くピピ美に、ポプ子は「知らないけどたぶんグッドエンド」。いや、あの話は主要人物が全滅する超バッドエンド。

［196話］しゃっくり100回したら死ぬというので、ポプ子は99回目で自爆。しゃっくりは横隔膜の痙攣《けいれん》なので、100回しても死にません。それより自爆できるポプ子がすごい。

［213話］毎日、木を飛び越えてジャンプ力を鍛えるポプ子。200年後、少なくとも樹高100mになったであろう木を飛び越える。それができるからには、ポプ子は時速160kmで離陸したはずで、その脚力があれば100m走のタイムは1秒13。すごい。でも200年生きられるのがもっとすごい。

［261話］「もうだめだ!! タオルをなげてくれ!!」と懇願するボクサー。タオルはポプ子が持ってて、ぐるぐる回して飛んでいく。タオルを回しても絶対に飛べないから、返してやれ。

［276話］ポプ子が乗った巨大なだるま落とし（1段あたり推定940kg）。ピピ美はハンマー（推定110kg）で順次叩いて低くしていくが、ピピ美に求められるハンマーの速度は、時速190km。最終的にハンマーはポプ子の顔面を直撃してたけど、確実に死んだと思う。

［282話］「そなたは何ができる？」と問われた猫の手は「じゃれつくくらいしか…」。猫の肉球は、足音を立てずに歩いたり、着地の衝撃を和らげたりできるよ。

［316話］ポプ子は手から光線を出して、地面にクレーターを作る。その直径は3m、深さは1mほど。ポプ子が放ったエネルギーは爆薬130t分ほどか。

［319話］虫歯を痛がるポプ子。その歯を槍で掘る虫歯菌も虫歯に苦しむ。さらにその歯をピピ美が掘っていた。虫歯の原因になるミュータンス菌は直径1μm《マイクロメートル》で、ポプ子の身長の150万分の1ほど。ピピ美がさらにその150万分の1だとすると、身長は原子の150分の1！　体は何でできているんだっ。

［323話］ポプ子が「万有引力とは一体…」と考えていると、リンゴが木から落ちて、地面に立った鉛筆に刺さった。実験と計算で、落ちてきたリンゴ（使用したものは284g）が鉛筆（長さ15cm、底面の対角線7・9mm）に刺さり、描写どおり「貫通はするけれど、地面には届かない」となる落下高度を求めると、1・8～3・4m。おおっ、まさにリンゴが実る高さだ。『ポプテピピック』が科学的に正しい描写なん

て、アタイ……ゆるせへんっ!!

竹書房を破壊するエネルギーとは!?

アタマがだいぶ『ポプテピピック』色に染まったところで（でも、話の大半はやっぱりわからん）、読者からいちばんたくさんもらう質問。ポプ子vs竹書房だ。

137話でポプ子は、竹書房の看板にマジックで「指定暴力団」と書き込んで警察に通報していた。それをやったら、捕まるのは絶対に自分だと思うが、それでも怒りは収まらなかったようで、155話では巨大になってパンチを振るい、ついに竹書房ビルを破壊！　325話でも、竹書房サイドがダミーを用意したにもかかわらず（ビルのダミーって何!?）、ポプ子はだまされずに竹書房を壊していた。この行為でポプ子が発揮したエネルギーはどれほどなのか？

飯田橋にそびえる竹書房ビルは、9階建て。高さは30mほどと見られる。地図で測定すると、間口（道路に面した左右の幅）は18m、奥行きは10m。このサイズのビルは、重量が1900tくらいあって、爆破解体するには、ダイナマイト1tが必要である。

この竹書房ビルと比べると、巨大化したポプ子の身長は45mくらい。もともとの彼女の体格を「身長150cm、体重45kg」と仮定すれば、相似拡大したポプ子の体重は1200tになっているはずだ。

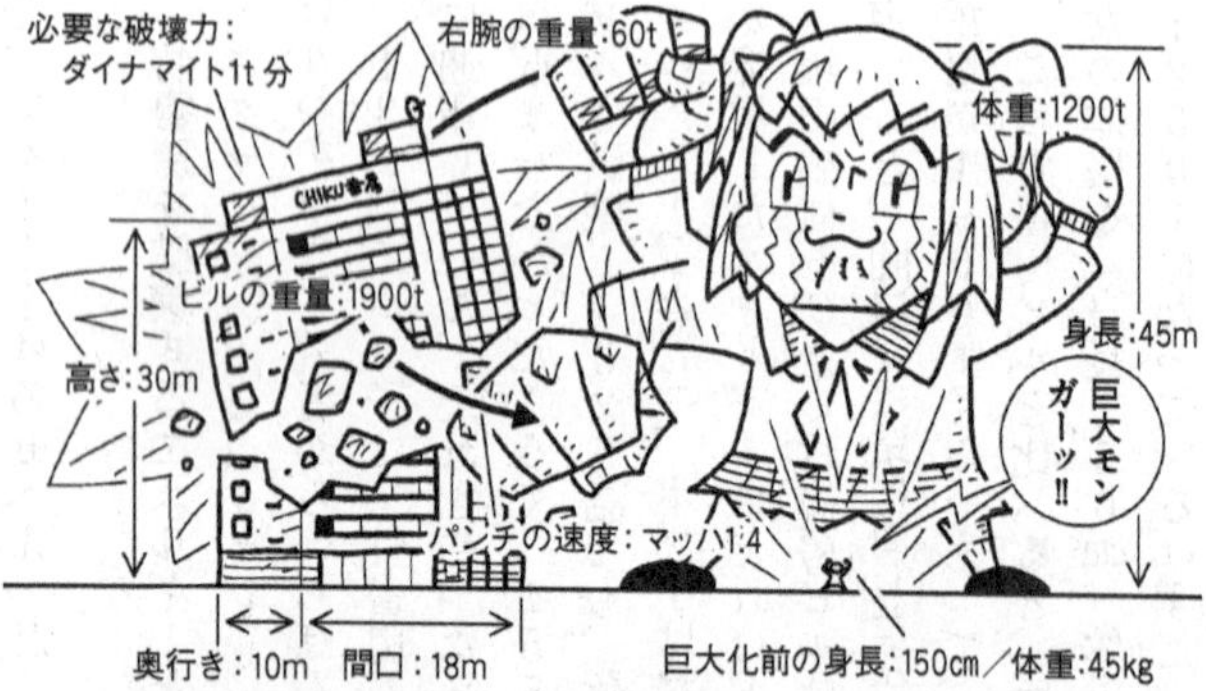

［図1］まことに手ごわく、いろいろと尊敬に値する出版社だ

そして、人間の体格から割り出すと、右腕だけで重量は60t。すごい巨体だが、ダイナマイト1t分のパンチを放つとなると、右腕を時速1700km＝マッハ1・4でぶち込まなければならない！ うーむ、なかなか手ごわいじゃないか、竹書房【図1】。

……と、ここまで書いた翌日、仕事で飯田橋に行ったところ、JRの駅に「竹書房」への案内板を発見した。「竹書房 500mくらい」というアバウトな表示にもビックリしたが、何より驚いたのは、社名の下にポプ子のイラストがあって、「竹書房!? 破壊したはずでは…」と言っていたこと。うははっ。マンガを読んでない人には、よくわからんぞ。

ふーむ。こういうすごい出版社だからこそ、ああいうマンガが誕生したのだな。あーそーゆーことね。完全に理解した。

『ギャートルズ』などに出てくる「マンガ肉」は、
いったい何の肉なのだろう？

マンガやアニメには、現実世界には存在しないのに、それが何なのかひと目でわかる不思議なモノたちが登場する。

たとえば、風船のようにプクーと膨れるタンコブとか、ポカスカ殴り合うときにモクモク立ち上る煙とか。そんなタンコブや煙は一度も見たことがないはずなのに、強く殴られたことや、激しく格闘していることが、ひと目でわかる。マンガやアニメには、とても優れた表現手法があるのだなあ。

そうしたナゾの物体群のなかに「骨つき肉」がある。そう、大きな肉の塊から、両側に骨が突き出しているアレだ。現実世界にも、骨つき肉の料理はたくさんあるが、骨は必ず片側だけについている。両側から骨が突き出した肉というものは、見たことがない。

これは「マンガ肉」とも呼ばれ、『ONE PIECE』でもルフィたちがかぶりついているが、広く知られるようになったのは『はじめ人間ギャートルズ』の功績だろう。原作は園山俊二先生のマンガで、1974年からアニメが放映された。その劇中で、原始人の少年ゴンと家族たちがワイルドに食べていたのが、このカタチの骨つき肉であった。

しかし気になる。いったい何の肉をどう料理したら、あのマンガ肉になるのか？

本稿ではこの問題を真剣に考えてみたい。

あれは何の骨？

マンガ肉にもいろいろな形状やサイズがあるようだが、『はじめ人間ギャートルズ』によく出てくるものは、肉の直径と幅がそれぞれ20㎝ほど。この大きな肉の両側から、骨が左右に10㎝ほど突き出している。つまり、骨の長さは40㎝くらいと思われる。

これは何の動物の、どこの骨なのか？　まっすぐな棒状だから、足の骨であることは間違いない。肉がたっぷりついているところに注目すると、前足なら上腕骨（肩から肘までの骨）、後ろ足なら大腿骨（腰から膝までの骨）であろう。

では、上腕骨または大腿骨が長さ40㎝もある動物とは？

調べてみると、牛の大腿骨がそれくらいの長さのようだ。ただし、牛の大腿骨は形状がだいぶ違う。両側が大きくハート型に膨らんでいて、真ん中の細い部分も直径が8㎝ほどもある。とても片手では持てそうにない。動物の骨は、大きなものほど、長さに比べて太くなるのだ。

『ギャートルズ』に出てきた動物のなかで、上腕骨や、大腿骨の長さが40㎝を上回るものといえば、マンモスである。劇中でゴンたちは、マンガ肉のほかに、マンモスの足や胴体をスパッと輪切りにしただけという、超ワイルドな肉も食べていた。

マンモスはかつて寒冷地の草原に生息していたゾウの仲間で、日本でも北海道などで化石が見つかっている。なかでも最大のステップマンモスは体高4・8ｍとアフリカゾウ（最大で体高4m）よりも大きく、体重は20tもあったと考えられている。

ステップマンモスの上腕骨や大腿骨は長さが1mを優に超えるが、マンモスには、体高3mのケナガマンモスや、1～2mのコビトマンモスなどもいた。ここから考えると、ゴンの父親たちは、大きなマンモスは輪切りにして、小型のマンモスや子どものマンモスをマンガ肉にしていた……のかもしれません。

両側から骨がハミ出しているのはなぜ!?

そうしたマンモスの肉を、あのマンガ肉に調理する方法を考えてみよう。

マンガ肉でヒジョ～に興味深いのは、長さ40cmの骨の真ん中だけに、幅20cmほどの肉がついていることだ。肉の左右から骨がハミ出している！

こんな形で骨に肉のついた動物は実在しない。動物の筋肉は、関節をまたいで2つの骨につながっている。だからこそ縮むことで、骨を動かすことができるのだ。

ということは、骨つき肉の骨についていた筋肉も、隣の骨まで伸びていたはず。それが真ん中だけに残存するということは、そこだけを残して、肉の両端をスパッと切り落としたのだと思われる。肉を輪切りにして、両端の肉を削ぎ落とす。石斧や石のナイフしかなかった時代、それはとても困難な作業だったろうに、なぜそこまでしてあのカタチに……？

可能性の一つは、人為的にそうしたのではなく、自然とそうなった場合である。肉というものは、焼けば縮む。最初はもっと大きかった肉が、火を通すうちに縮んでいって、あのように両側から骨がむき出しになったのではないだろうか。

なぜ肉は、焼くと縮むのか。それは、①肉の水分が蒸発する、②肉の脂が流れ落ちる、③コラーゲン（3本の繊維状のタンパク質が撚《よ》りあったもの）が、熱を受けると3分の1ほどに縮む……といった理由による。

では、実際にどれくらい縮むのだろう。筆者は、豚ロースの塊を買ってきて、厚さ3cmに切り出した。上から見ると、縦6・5cm、横12cmの楕円形だ。これを、ガスコンロの魚焼きグリルに入れて、弱火で焼くこと15分。実にうまそうに焼けたが、かぶりつきたいのをガマンして、肉のサイズを計ると、縦6cm、横10cm、厚さは2・5cmになっている。焼く前の肉の体積は１８４cm^3。それが火を通すことで１１８cm^3に。なんと64％に縮んだわけである。小さくなるのだなあ、肉というものは。

ここから計算すると、マンガ肉の幅&直径20cmの肉は、焼く前は幅24cm、直径23cmほどあったとみられる。これに伴い、肉の左右から10cmずつハミ出していた骨は、焼く前には左右8cmずつのハミ出しだったことになる。つまり最初からかなりハミ出していたわけで、すると焼いたために自然と縮んだのではなく、たぶんやっぱりわざわざ両端の肉を削ぎ落としたのではないだろうか。

[図1] 焼くのに時間がかかるから、あんなカタチになったということ!?

もう一つ、実際に肉を焼いてみてわかったのは、骨つき肉の調理にかかる時間である。肉が焼けるまでの時間は「厚さの2乗」に比例する。厚さ3cmの筆者の肉が焼けるのに15分かかったということは、厚さ24cmの骨つき肉は、焼けるまで16時間もかかる！　しかもこの肉、重量は6kgもあるはずで、ガスコンロもない原始時代にこれを焼くのは大変だったのでは……**【図1】**。

あ。そういうふうに考えると、なんでわざわざ骨を左右に出したか、わかってきたぞ。こんなに重い肉を、16時間も焼き続けるのはまことに重労働。負担を減らすためにも、焚火の左右にYの字型の木の枝を立て、そこに左右の骨を引っかけて、くるくる回しながら、ゆっくりと焼いたのではないだろうか。おー、われながらナットクの結論が出ましたー。

『干物妹！うまるちゃん』の家うまるが
「だっらあああー」とするのは、
科学的にもナットクの態度である。

土間うまるは、名門・荒矢田《あらやだ》高校の1年生。歩けば誰もが振り向くような美人で、スタイルも抜群。成績もトップで、スポーツも万能。笑顔を絶やさず、挨拶や礼儀もヒジョ～にしっかりしていて、もう非の打ち所がない女子だ。

ところが自宅に帰ると、一変。身長が一気に縮んで幼児体型になり、ハムスターのフードをかぶって「だっらあああああー」。コーラとお菓子を食べながら、明け方までネットゲームに耽《ふけ》るダメ人間になってしまう。このときの体格の変化は本当にすごくて、帰宅してアパートのドアを閉めるや否や、4分の1ほどの大きさに!

もちろん、誰だって家に帰ればホッとするし、ダラダラしたくもなる。うまるの異常な体格縮小も、その心理表現なのかもしれない。最初はそう思ったのである。

ところが、マンガのなかで、家を訪ねてきたクラスメイトの本場切絵《もとばきりえ》は、小さなうまるを見て、こう聞いたではないか。「うまるさんの妹さんですか?」。そして、うまるも「妹のこまるです」と答えた。うおおおっ。物語内の事実として小さくなっているらしい!

あまりに不思議である。いったいどうなっているのだろうか?

どれだけ小さくなるのか?

美人で品行方正な「外うまる」と、幼児体型でダラケきった「家うまる」。

驚くべきことに、その体格の違いは具体的な数値でも示されている。ファンブック『干物妹《ひもうと》！うまるちゃんF－ひもうと絵日記－』（集英社）の人物紹介によれば、うまるの身長は「外うまる１６０cm・家うまる40cm」。ズバリ４分の１になるというのだ。いや、もうビックリですなあ。厚生労働省国民健康・栄養調査（２０１５年）によれば、１歳女児の平均身長は77・８cm。家うまるは、その半分ほどしかないよ！

当然、体重もめちゃくちゃ軽いだろう。うまるの体重は公表されていないが、仮に外うまるが50kgだとしよう。体重は身長の3乗に比例するから、身長が４分の１なら体重は４×４×４＝64分の１になって、なんと７８０gということに……。いや、待って。こんな普通の計算は、うまるには通用しない。体重が身長の3乗に比例するのは、相似（大きさが違っても形は同じ）な場合だけで、外うまると家うまるは体形がまるっきり違うじゃん。

コミックス１巻のカバーイラストで測定すると、外うまるは６・８頭身。家うまるはピッタリ２頭身だ。

しかし頭部を比較すると、頭頂から顎までは「外23cm⇒家20cm」と少し小さくなっただけ。顔の横幅は、意外にも「外17cm⇒家18cm」と拡大している。一方、首から下は「外１３７cm⇒家20cm」とモーレツに縮小している！　縮んだというか、まるで別人ですなあ、これ。

ここからパーツ別に計算すると、外うまるが体重50kgのとき、家うまるは1・9kg。ただしその92%は、アタマの重量である。

うまるは帰宅すると、体重が48・1kg減少し、出かけるときには同じだけ増量するのだろう。うーん、どうすればそんなことができるのか、サッパリわかりません。

うまるの日常を心配する

うまるが住んでいるのは、アパート「コーポ吉田」。サラリーマンの兄・タイヘイと2人暮らしだが、家事はすべて兄任せ。夜も更けてから「マンガ雑誌を買ってきて〜！」と駄々をこねたりする。うーむ、ここまでダメ人間だと、それはそれでかわいいような……いやいや、うまるの魅力にやられている場合ではないっ。

科学的に心配なのは、家うまるの体形では、家での生活さえ大変だろうと思われることだ。

まず、命にかかわるのはお風呂。頭部の上下が20cm、首から下が20cmでは、浴槽にお湯が30cmも溜まっていたら、確実に溺れるだろう。切絵が泊まりにきて2人でお風呂に入ったとき（切絵は、家うまるを「こまる」と思い込んだまま）、うまるは気持ちよさそうに顔を浴槽の上に出していたが、浴槽内はどうなっていたのだろう？　踏み台にでも乗っていたのだろうか。

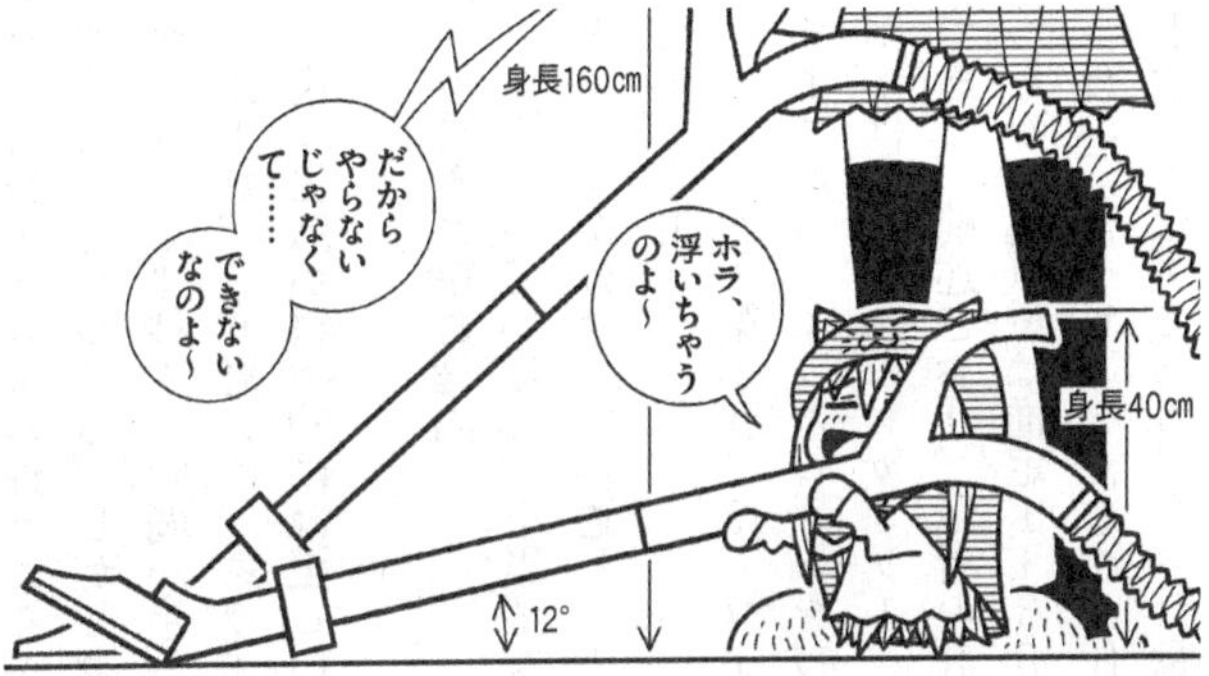

[図1] これほど小さいと、掃除機をかけるのも難しい

家事も容易ではない。たとえば、洗濯機を使おうとしても届かない。この場合は、台があっても洗濯槽の底には手が届かないから、洗濯物を取り出せない。

掃除機をかけるのも大変で、パイプの長さが1mだった場合、うまるがその端を肩に担いでも、パイプと床の角度は12度しかない。おそらく吸い込み口が床から浮いてしまい、掃除にならないと思われる**[図1]**。

家うまるが料理をするとは思えないが、やったとしても包丁も持てないだろう。筆者の家の包丁は長さ29cm、重さ120gだが、家うまるがこれを持つのは、外うまるが長さ116cm、重さ5・6kgの大刀を振りかざすのと同じ。キケンすぎる！

何より、身長がいきなり4分の1になると、うまる本人がモーレツな違和感を覚えるはずだ。身長160㎝の外うまるがバタッと転んだ場合、つまずいてから0・40秒後に地面に頭をぶつける。しかし身長40㎝の家うまるが転ぶと、ぶつかるまでの時間はわずか0・24秒！　時間が半分になってしまったら、顔面をモロに打つと思う。

　ふーむ、こう思えば、家うまるはゴロゴロしているより仕方がないかもなあ。その怠惰な生活が科学的には正しい……という結論になってしまった。意外。

うまるが縮む理由

　こうなってくると、不思議なのは外うまるの麗しい姿である。肉とジャンクフードとコーラが好きで、夜通しゲームに耽ったりするのに、なぜあのスタイルを維持できてるのか!?

　コミックス第1巻では、コーラ1L、ポテイトチップス、たけのこの山、プリン、チーズたら、イカのつまみを買い込んで、映画とアニメを鑑賞した。摂取したエネルギーは1744キロカロリー。あの小さな家うまるがこんなに食べるとは、オドロキである。前述どおり、筆者の計算では家うまるの体重は1・9㎏しかないのに、食べたものの総重量は推定1・35㎏。自分の体重の7割も食うんかい！

　だが、食べちゃったものは仕方がなく、これだけ食べれば、一晩で体重は194gも増えるはずである。食べた量を考えると、あまり増えていない気もするが、それは

［図2］油断大敵！　脂肪が一晩で194gも増えるのはオソロシイことだ

①水分は排出される、②炭水化物が脂肪になるときに水と二酸化炭素が出て、重量が9分の4になる……という理由による。

　とはいえ、1・9kgの家うまるが194g増というのは、1割の増大。恐るべき話である。体重50kgの外うまるになっても、脂肪194gは、35km走らなければ消費できない。もちろん、うまるがそんなことをするとは思えないから、美容と健康にあまりに悪い食生活だと思うなあ【図2】。

　この謎について、兄のタイヘイがコミックスの2巻で根源的な疑問を口にしている。「なんで　お前　外と家で　そんなに違うんだよ」。そうそう、筆者もそれがいちばん知りたい！

　これに対して、うまるはこう答えた。「やだなーお兄ちゃん　女の子には誰でも外用の顔があるんだよ」。えーっ、そんな理由で、そこまで変わるもんなの!?

う〜む、確かにうまるはかわいい。かわいいとは思うんだけど、研究すればするほど、科学から遠い存在になっていく……。

『スペランカー』の主人公はモーレツに死にやすいが、どれほど虚弱なのか？

ゲームに疎《うと》い筆者は、『スペランカー』というゲームをまったく知らなかった。1980年代に少し流行ったロールプレイングゲームらしいのだが、こないだ教えてもらって、ものすごくビックリした！

ひと言でいえば、それは「ものすごく死にやすいゲーム」。主人公がすぐに死ぬことで有名で、それゆえにいまでも人気があるのだという。

「死にやすい」とは、どういうことか？

それは具体例を見てもらえば納得していただけるだろう。『スペランカー』の主人公は、次のようなことであっさり死んでしまうのだ。

小さな窪みに落ちただけで死ぬ！

縄や梯子《はしご》やエレベーターから降りるとき、ちょっと落差があったら死ぬ！

下り坂でジャンプすると死ぬ！

自分が仕掛けた爆弾の爆風で死ぬ！

マシンガンを撃ち過ぎるとエネルギーが切れて死ぬ！

コウモリの糞が当たっただけで死ぬ！

——こんな具合に、まことにカンタンに死んでしまうのである**【図1】**。いやー、もうホントに驚いた。

[図1] 油断してると……いや、気をつけていても、すぐに死んでしまう

スペランカーとはどんな意味？

こういうことになったのは、もともと83年にアメリカで作られた『スペランカー』を、85年に日本のファミコン用に作り直したとき、ゲームの難易度を上げようとした結果……らしい。「難しい」⇒「すぐ死ぬ」。うははっ、まっすぐな発想をしたものですなあ。

　そもそも「スペランカー」とはどういう意味だろうか。

　手元の英和辞典を引いてみると、その綴りは〝spelunker〟で「《アマチュアの》洞窟探検家」とあるが、このゲームの浸透によって「スペランカー＝虚弱体質」というイメージが定着してしまった。２０１６年に引退したプロ野球の多《た》村《むら》仁志《ひとし》選手など、ケガが多かったことから「スペランカー多村」というあんまりなニックネームをつけられていた。趣味で洞窟の探検をしている選手と思われなかっただろうか。

だが、いくらゲームとはいえ、人間がここまでたやすく死んでしまうのは、いかがなものか。呼称がなくては不便なので、ここでは主人公キャラを「Mr.スペランカー」と呼ぶことにして、彼の死亡まみれの人生について考えてみよう。

車の屋根から飛んだら死ぬ!?

まず、落下による死亡から。Mr.スペランカーは、身長が16ドット（画面内の目盛り）で、落下高度が14ドットを超えると、死ぬように設定されているという。

死にやすいにもホドがある！　16ドットの身長を、現実の人間の160cmに置き換えると、死亡高度の14ドットとは140cmである。乗用車の屋根ぐらいの高さであり、ここから飛び降りた程度で、いちいち律儀に死んでいたら、文字どおり身がもたないだろう。

そもそも人間という生物は、どのくらいの高さから落ちたら死ぬものなのか。もちろんそれは、打ちどころや、落下地点の状況にもよる。転んだだけでも頭を打てば死ぬことがあるし、アメリカには、39階から落ちたにもかかわらず、車の屋根に足から着地したおかげで、両足の骨折だけで済んだ例があるという。

アメリカの医師が『ニューヨークポスト』紙で「4階か5階からの落下で50％の人が死亡する。10階、11階の高さになれば、ほぼ100％助からない」と発言している。医者の言うことは聞いたほうがいいので、ここは10階から落ちたら死ぬと仮定しよう。一階あたりの高さを3mとすれば、人間は高度30mから落ちたら、よほど運がよくない限り、死ぬということだ。

それに対して、Mr.スペランカーの100％致死高度は、たったの1・4m。このヒト、通常の人間の21倍も死にやすい！

卵より虚弱！

死にやすさ21倍とは、由々《ゆゆ》しき事態である。

1972年の日米大学野球で、二塁に滑り込んだ選手が、ショートからの送球を頭部に受けて、死亡するという痛ましい事故が起きた。これを元にMr.スペランカーの死にやすさについて考えると、どうなるか？

ボールのエネルギーは「速度の2乗」に比例するから、エネルギーが21分の1なら、速度は4・6分の1になる（4・6×4・6＝21・16）。送球のスピードが時速80kmだったとすれば、その4・6分の1とは時速17km。これは、どんなにうまく投げても2・3m以上飛ぶことはないという、もうメチャメチャ緩いボールだ。それが頭にコン、と当たっただけで、Mr.スペランカーはお亡くなりになる！

こういうヒトの日常生活は、モーレツに危険に満ちているだろう。たとえば、一般的な住宅の階段は一段あたりの高さが20cm程度だが、Mr.スペランカーがそこをトン、と下りると、一般人が高さ4・2mからドスン！と落ちるのと同じダメージを負う。大ケガするだろうなあ。

これは、どれほどの虚弱さなのか。そこで筆者は、豆腐、プリン、卵を、それぞれの厚さや長いほうの直径の16分の14という高度からテーブルに落とす実験をしてみた。例えば、厚さ5cmの豆腐なら、高さ4・4cmから……という具合だ。

驚いたことに、なんと豆腐もプリンもまったく平気だった。Mr.スペランカーは、この柔弱《にゅうじゃく》な食品群より虚弱ということだ！

卵は、パチッと音がして底の部分が小さく陥没し、テーブルの上に立った。おお、まさに「コロンブスの卵」状態。しかし、殻の内側の卵膜に損傷はない模様で、白身が漏れ出したりはしていない。有精卵だったら、このまま温めればヒヨコに孵《かえ》りそうだ。これは、卵としては「死んだ」とはいえず、「軽傷」と診断したいレベル。同様の衝撃でアッサリ死んじゃうMr.スペランカーは、卵より虚弱だ【図2】！

ここまで虚弱な体質だと、たぶんドアに頭をぶつけたり、人とぶつかったりしただけで、死んで死んで死にまくるだろう。幸いゲームのキャラなので、何度死んでも生

[図2] 卵より虚弱なのに洞窟探検家なの!?

き返るけれど、生きているヒマなど、まったくない。

コウモリの糞で死ぬ!?

Mr.スペランカーには、さらに「その死に方は、あんまりでは？」と思われる死亡パターンもある。前述のように、コウモリの糞を浴びただけで死んでしまうのだ！

どういうことだろうか？　コウモリは翼を羽ばたいて空を飛ぶ唯一の哺乳類（ムササビやモモンガは、羽ばたかずに滑空する）で、それだけに体重が軽い。日本に多いアブラコウモリは体重5〜11g。世界最大で、羽を広げた幅が2mに達するオオコウモリでも、体重2kgほど。人間は1日に体重の300分の1ほどの糞をするが、その割合が同じだとすると、オオコウモリの糞でも一かたまり最大7

gということになる。これが高さ3mから落ちてくる衝撃は、時速17㎞の野球ボールの8分の1。そのうえ糞だから柔らかい。これでなぜ死ぬんだっ!?

ひょっとして、コウモリの糞が死ぬほど嫌いで、心因性のストレスで落命するのだろうか。だとしたら、さすがに「洞窟探検家」という生き方を考え直したほうがいいと思うなあ。

洞窟に住むコウモリは、夜は外へ出て餌を食べ、朝になると戻ってきて眠りながら糞をする。洞窟には、その糞に含まれる有機物を餌にするハエやゴキブリなどが棲んでいて、さらにそれらを食べるクモなども生息している。その糞や死骸を分解して土に返す細菌もいる。洞窟の生態系は、コウモリが外から持ち込む有機物をスタートにしているのだ。

つまり洞窟にコウモリはなくてはならない存在。コウモリは洞窟の恵みの母。そのコウモリの糞に当たって死ぬような人は、洞窟に行くべきではありません。「命あっての物種」という言葉もあるし、Mr.スペランカーには、どうか家でじっとしといていただきたい。

『ワンパンマン』のヒーロー・サイタマの
パンチがすごすぎる。
ホントに打ったら、地球が滅亡！

『ワンパンマン』は、いろいろな意味ですごいマンガである。

もともとは、まったくの素人だったONEさんがネット上で公開していたマンガだったが、それを読んでいた人気マンガ家の村田雄介先生が声をかけ、村田先生の絵による雑誌連載がスタートした。お話もキャラクターもほぼ同じなのだが、ONEさん自筆のマンガもそこで終わったわけではなく、二つの『ワンパンマン』が描き続けられた。ネットのマンガはいろいろオモシロイ展開を見せますなあ。

話も少し変わっていて、村田先生版では、主人公のサイタマは相手をワンパンチで倒してしまう。

敵がどれほど強くても、表情一つ変えずにワンパンチ！

落下してきた巨大な隕石さえ、ワンパンチ！

どんな事件も、何があっても、パンチ一発で解決するのだから、こんなヒーローも特異だろう。筆者がこれまで研究してきたマンガやアニメのなかでも、肉体的な強さではズバ抜けてるのではないかなあ。

ここでは村田先生版をもとに、すごすぎるサイタマのパンチを検証してみよう。

隕石にもワンパンチ！

サイタマの戦いぶりは、どんなものなのか。

第1話では、突然の大爆発とともに、ワクチンマンがA市に出現した。ワクチンマンは、身長50mはあろうかという巨体で、堂々と言い放つ。

「地球は一個の生命体である。貴様ら人間は、地球の命を蝕み続ける病原菌に他ならない！　私はそんな人間どもと、それが生み出した害悪文明を抹消するため、地球の意志によって生み出されたのだ！」。

うっ、最初から痛いところを突いてくるぞ……と筆者が思いかけたら、サイタマは表情も変えずワンパンチ。ワクチンマンは「ぐっはあああああああああああああああああ」と断末魔の叫びを上げ、その体はバラバラに飛び散るのだった。えっ、話も聞かずに倒した⁉

第21話では、直径100mはありそうな隕石が降ってきた。このまま落ちるとZ市は壊滅する。他のヒーローたちが「破壊できるのか？」「破壊できたとして、隕石の破片で大惨事が起きるのでは？」などと悩みながらミサイルや「焼却砲」を撃ち込むが、まったく効果はない。

するとサイタマは、何の迷いもなくビルの屋上からジャンプして、隕石にワンパンチ。サイタマは隕石を貫通し、砕かれた破片が街に降り注ぐ！　幸い一人の死者も出なかったが、それは奇跡だと筆者は思います。

このように、サイタマのワンパンチ主義は徹底している。それだけ自分のパンチに

［図1］特訓そのものより、「ハゲるほど」というのが重要なのかも

自信があるのだろうが、それもそのはず、隕石を砕いたパンチ力を計算すると、なんと1600万tだ。

なぜ彼はそこまで強くなったのか？　サイタマ本人によれば、彼は22歳のとき、就職活動中に怪人と遭遇したのをきっかけに、3年間、頭がハゲるほどの特訓をしたという。

そのメニューは、腕立て伏せ100回、上体起こし100回、スクワット100回、ランニング10㎞、これを毎日。うーむ、がんばったのは確かだと思うが、とてもその程度のトレーニングで手に入れられる強さではないのでは……**【図1】**。

どんだけ強靭なんだ!?

さらに驚くのは、隕石を破壊したパンチが、サイタマにとっては「普通のパンチ」だったということ。彼には、表情を引き締めて全力で放つ「必殺〝マジシリーズ〟」があるのだ。

その一つ、宇宙人ボロスとの戦いで出した「マジ殴り」の破壊力は、宇宙からのアングルで描かれた。大きなフォームからパンチを放つと、爆風が発生。現実の地球でいえば、日本からアメリカあたりまで中心角30度の扇形《おうぎがた》に広がり、そこにあった雲をキレイに吹き飛ばしたのだ！

これに至るまでの攻防が、またすさまじかった。

ボロスがサイタマに膝蹴りを見舞い、真上に蹴り上げられたサイタマは、岩の天井にぶつかる。なんと、それは月面だった！　ボロスはサイタマを月まで蹴っ飛ばしたのだ。

常軌を超えたキックである。サイタマは蹴られた直後に月面に叩きつけられたが、地表から月面までは37万6千㎞で、光でさえも1・26秒かかる。この宇宙ではどんなものも光の速さを超えられないから、ここではサイタマが1・3秒で月に叩きつけられたと考えよう。

するとボロスがサイタマを蹴り上げた速度は光速の97％＝マッハ85万！　体重70kgのサイタマをマッハ85万で飛ばすエネルギーはビキニ水爆290発分だ！

ボロスの強さにも驚くが、これを受けても死なないサイタマが本当にすごい。マッハ85万で蹴られたサイタマは、月面にもマッハ85万で叩きつけられたはずだ。つまり、ビキニ水爆290発分の衝撃を地上で1発、月面でもう1発。

それでも生きていたどころか、そこが月面だと気づくと、息を止めて地球にジャンプした。やっていることのレベルがすごすぎて、もうワケがわかりません。このヒトの体はいったいどうなっているのだろう？

ワンパンチで地球が滅亡する！

サイタマが地球に帰還すると、いよいよ戦いは大詰めへ。

ボロスは、切り札の「崩星咆哮砲《ほうせいほうこうほう》」というビーム技を出す。これをサイタマは、マジ殴りで迎撃！　ボロスのビームは二つに分断された。——と思いきや、両者が真っ白な光に包まれた直後、爆風が渦巻き、稲妻が走り、雲がアメリカあたりまで吹き払われたのだった【図2】。

いったい何が起こったのか？　思うに、拳のスピードがあまりに速かったため、空気との衝突で莫大な熱が発生し、爆風が生じたのだろう。通常、爆風は球面状に広がるが、この場面では、理由はわからないけど、拳を打った方向に広がったのでは……と筆者は推測します。

だとすれば、マジ殴りの威力はマジでモノスゴかったはずだ。日本からアメリカ西

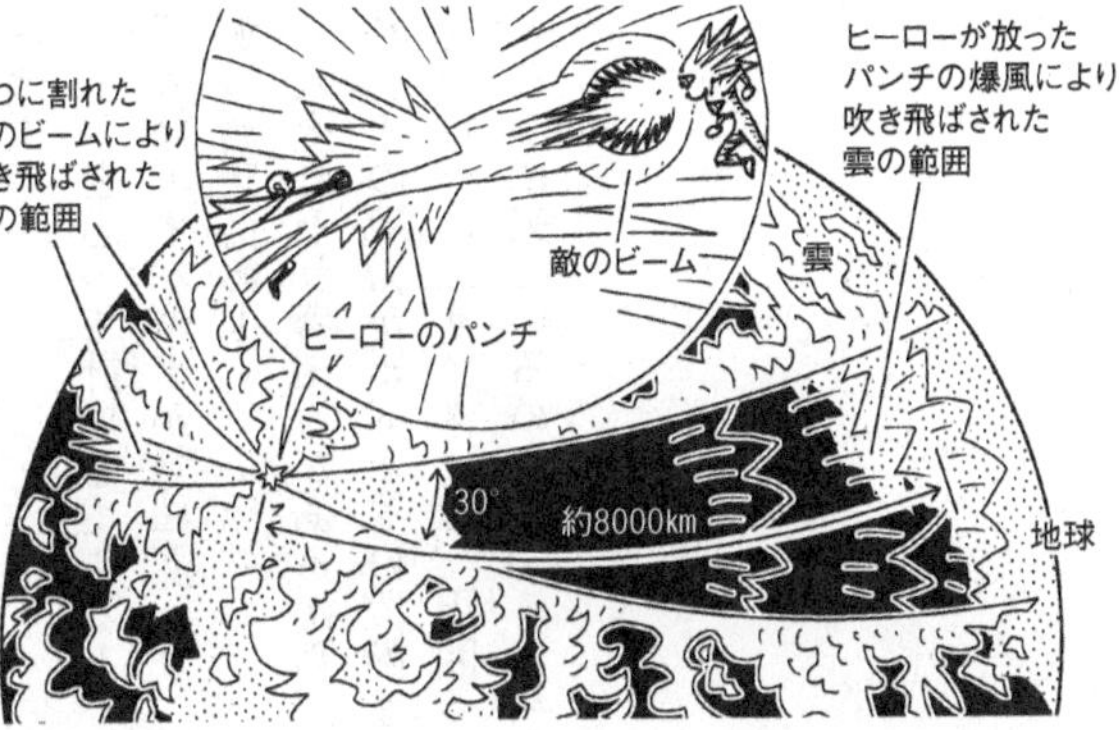

[図2] マジでパンチしたら、雲がアメリカあたりまで吹き払われた

海岸まで8千km。この距離を爆風はたちまち吹き過ぎたのだから。感覚で申し訳ないが、このときの爆風が10秒でアメリカに達したと考えよう（そのくらいの印象なのだ）。その場合のマジ殴りのエネルギーを計算すると、ビキニ水爆1700億発分である。なんとなんと、さっき計算したボロスの膝蹴りの6億倍！

やった、サイタマが敵を圧倒した。パチパチパチー。とヨロコビの拍手を送っている場合ではない。このヒトは隕石のときもそうだったけど、パンチを打った後のことをまったく考えていないのだ。

日本からアメリカまで10秒で達する爆風の速度とは、マッハ2400！

こんな猛風が吹き荒れたら、地上のナニモカモが跡形もなく吹き飛ばされ、空気の乱れは地球全土に広がり、嵐が吹き荒れ、豪雨が大地を叩き、生態系はメチャクチャになるはず！

……と思って計算してみると、あっ。生態系どころの騒ぎではありませんでした。莫大なエネルギーが熱に変わり、地球の気温は２０９万℃に上がる。海も陸地もたちまち蒸発だあ！

人それぞれ考え方があるから、ワンパンチ主義もまことに結構である。だがそれも、パンチの威力がホドホドの段階までにしていただきたい。あまりにスゴすぎるパンチを身につけたサイタマは、周囲への影響を鑑みて、ワンパンチ一辺倒主義を考え直すところに来ているのでは……。科学的にはそう言わざるを得ません。

不思議！『スプラトゥーン』のインクは、なぜ色が混ざらないのだろう？

『スプラトゥーン』は楽しい。これに関する質問もたくさんいただきます。

このゲームで興味深いのは、オシャレでポップな若者に見える登場人物たちの正体が、イカであること！　彼らは「インクリング」という名で、人間の姿になって、それぞれの色のインクを床や壁に塗りまくり、ときどきイカの姿に戻っては、塗ったインクのなかを高速で泳ぐ。見ているだけで、ヒジョ〜に心地いい。

だが、そんなことをイカがやるのは、イカがなものか!?

イカは軟体動物門頭足綱の生物で、マンガなどで頭のように描かれるのは、実は胴体。その下に目や口や脳のある頭が続き、そこから足が生えている。体の構造が人間とは根本的に違うわけで、そうした生物がヒトとの往復変身を自由に繰り返すとは、驚くべきことだ。

また、イカの胴体は「外套膜《がいとうまく》」という筋肉が内臓を包んだもので、外套膜と頭との境目には隙間がある。内臓の入っている空間は、まわりの海水とつながっているのだ。そのような構造の体でインクに潜ったりすると、内臓がインクまみれになり……え？　気になるのは、この問題じゃない？　インク？

うーむ、そうなのだ。『スプラトゥーン』に関する質問は、「なぜインクが混じらない？」とか「どれだけ大量のインクを使ってるの？」とか「あのインク、どっから持ってくるの？」など、インクに関することばかり。なぜみんな、イカがあんなことをしているのを気にしないんだっ!?
まあ、言われてみれば、まったく混ざらないインクというのは、イカにも不思議。イカ問題は「まあ、イーカ」と思うことにして、ここではインクの謎を検証しよう。

どんなインクなのか？

『スプラトゥーン』の世界では、塗ったばかりのインクの上をドカドカ走り回るという、現実世界でやったらモノスゴク叱られそうなことが平然と行われている。足跡がついたり、シブキが服に飛び散ったりして、大変なことになりそうだが、もちろんゲームでは、そういうことは一切なく、また相手が塗ったばかりのインクの上に、自分のインクを塗っても混ざらない。

不思議である。こうなってくると「なぜ靴や服がインクで汚れないの？」とか「なぜ塗り重ねたインクが混ざらないのか？」といった疑問が続々と生まれてくる。彼らが使っているインクは、いったいどんなインクなのだろう？

インクには、水性インクと、油性インクがある。

油性インクは、顔料や染料（色のもとになる物質）が、有機溶剤という石油系の液体に混ざっている。有機溶剤は水より蒸発しやすいから、油性インクは乾くのが速い。ただし、有機溶剤には強い匂いがあり、蒸発した気体を吸い込みすぎると、頭がクラクラし、体にも有害である。

一方、純粋な水性インクは、顔料や染料が水に混ざっており、匂いがない代わりに、乾くのに時間がかかる。また、水彩絵具と同じように、乾いた後も水がかかると溶けてしまう。そこで最近では、プラスチックの細かい粒を混ぜることで、水に強い水性インクが作られている。

ここから考えると、『スプラトゥーン』で使われているのは、プラスチック入りの水性インクではないだろうか。有機溶剤を使用した油性インクを大量にぶちまけて、その上を走り回ったりしたら、もう意識が朦朧《もうろう》となって、ゲームどころではない。

乾くのがモノスゴク速い！

ただし、普通の水性インクを使ったのでは、走り回るたびにペタペタ足跡がついて大変だ。だからといって、乾くのを待ったらどうなるか？

筆者は近所のスーパーで水性塗料を購入し、インクを発射する「シューター」の塗り方をイメージして、塗料をスプーンですくって金属板の上に落としてみたのだが、インクが指にくっつかなくなるまで9時間30分もかかった！　これではゲームにならない。こんなインクを発射したら、その場で9時間半も待機することになり、これを3回繰り返したら、もう日付が変わってしまう！

[図1] 現実のインクより4万3千倍も速く乾くインクなら、これができる

これに比べると、インクリングたちが使っているインクは驚異的に速く乾く。シューターで発射したインクは5mほど飛んでいるように見えるが、インクリングたちが50mを8秒というスピードで走っているとすると、前方に発射したインクを踏むまでに、たったの0・8秒しかない。その間にインクは乾いているから、この場合のインクの速乾性は現実のインクの4万3千倍**【図1】**！

などと思いつつ、ゲーム画面を見ると、ややっ、走り回るインクリングたちの足元からインクのシブキが上がっている。イカの姿でインクのなかを泳いだりもするし、つまりインクは乾いていないということ!?

うーん。そうなると、足跡が残らなかったり、他のインクと混ざらなかったりするのがますます不思議。インクリングたちは驚くべきインクを使っているのだなあ。

インク代がめっちゃ高い！

もう一つ気になるのは、彼らがどれほどの量のインクを使うのかということだ。

ゲームの画面と攻略本の図を見比べると、『スプラトゥーン』の試合場は、サッカーコートと同じぐらいの面積がありそうだ。ゲームでは、塗ったり塗り返されたりの攻防が繰り返されるから、一回のゲームで、一方のチームだけでサッカーコートぐらいの面積を塗ると考えよう。これには、どれくらいのインクが必要なのだろう？

計量スプーンで2・5mLの塗料を金属板に落としてみると、直径4・5cmの円形に広がった。シューターなどで発射したインクも、同じ量あたり同じぐらいの面積に広がると考えていいだろう。その場合、サッカーコートと同じ7140m²(日本国内での国際試合のコートは68m×105m)を塗り潰すのに必要なインクの量は1万1200L。家庭用の浴槽56杯分である。なかなかすごい。

これは、費用もかなりの高額になるはずだ。ネットで見つけたもっとも安い水性塗料は、10Lで1万2100円だった。『スプラトゥーン』のインクが同じ値段で買えたとしても、1試合にかかるインク代は、なんと1358万円！　これ、田舎だったら、家が建つ金額だよ【図2】。

［図2］こんだけ楽しければ、おカネかかっても仕方ないか

たった3分間でこれほどのインクを消費してしまうとは、彼らはかなり裕福なのだろうか。イカだけど。

ゲームが済んだらお片づけ

こうして豪儀に遊んだインクリングたちにも、残された仕事があるはずだ。それは世界共通のお約束「遊び終わったら、お片づけ」ですね。

『スプラトゥーン』の試合は「デカライン高架下」や「ハコフグ倉庫」などで行われる。試合が始まる前、それらの床や壁は、鉄板やコンクリートなどの灰色をしているから、インクリングたちも、試合が終わったらインクをきれいに落とすのだと思われる。このインクは自動的に消えるという設定もあるらしいが、浴槽56杯分のインクが跡形も残さずに消えるとしたら世紀の怪現象といわねばならん。

塗った水性インクはどうすれば落ちるのか、ここでは現実に即して考えてみよう。調べてみると、水性塗料は完全に乾くのに時間がかかるので、塗った翌日ぐらいまでなら、水をかけてブラシでこすれば落ちるらしい。なるほど、落とすときは、水性インクの乾きにくさがプラスに働くわけですな。

しかし、サッカーコートと同じ面積になると、かなりの時間がかかるだろう。仮に1㎡あたり1分で洗い落とせたとしても、７１４０㎡を落とすには、敵味方4人ずつの8人がかりでも、不眠不休で14時間53分！

う〜ん、たった3分遊んだあとのお片づけが15時間近くもかかるとは、あまりに過酷である。やっぱりインクをまき散らしながら走り回るのは、あらゆる角度から大変なことじゃなイカ。

『ドラえもん』のしずかちゃんは、お風呂に入りすぎではないかなあ。

のび太やドラえもんがしずかちゃんの家へ行くと、彼女は必ずお風呂に入っている。特に、どこでもドアを使うと、なぜか浴室につながってしまい、しずかが入浴中！いやーん、のび太さんのエッチ！

『ドラえもん』の世界では、あまりに日常的なできごとであり、賢明なる読者諸君は「それが何か？」と思われたに違いない。だとしたら、次の問題提起にも大いに賛同してもらえると思う。しずかちゃんは、あまりにも風呂に入りすぎじゃないの!?

『藤子まんがヒーロー全員集合』（小学館）のキャラ紹介ページ「しずかちゃん」のところには「源静香。のび太の同級生で、かわいい上に、頭もいい。きれい好きで、お風呂に入るのが好きだ。ドジでダメなのび太に同情している」などと書いてある。この短い紹介文ですら、風呂好きに言及している！

入浴は、体を清潔に保つだけでなく、血行をよくして、筋肉をほぐし、精神的にもリラックスさせる。まことに結構な行為だが、彼女の場合は頻度が高すぎるような気も……。そこで、実際にしずかがどれくらい風呂に入っているかを調べてみよう。

入浴遭遇率はどれほどか？

源静香の入浴問題を解明するために、筆者はてんとう虫コミックス『ドラえもん』全45巻の読破に挑んだ。全821話。1日12時間を費やしても3日かかり、読み終えたときには、しずかの入浴姿が頭のなかをぐ～るぐる。わ～。助けて～、ドラえも～ん。

のび太化している場合ではない。36時間を費やしたおかげで、さまざまなことがわかりました。

まず、記念すべき第1回目の入浴は、第4巻「スケスケ望遠鏡」に登場する。のび太とドラえもんがこの望遠鏡でいろいろな場所を見ていたら、ドラえもんの順番のとき、お風呂に入っているしずかが見えたのだ。なんとびっくり、入浴目撃第1号はドラえもん！

しかもこのとき、ドラえもんは「あっ」と叫んだだけで、のび太に何が見えたか伝えていない。のび太が「なんだ、なんだ。なんだい見せろよ」と迫っても答えず、自分の胸にしまい込んだ。

偉大な歴史に終止符を打った最後の入浴は、第44巻「たくはいキャップ」だと思われる。のび太が「ナニスルグラス」で、街ゆく人々がこれから何をするつもりかを見ていると、テニス帰りで汗だくのしずかが通りかかる。グラス越しに見えたのは、もちろん入浴シーン。

これら両回を含め、しずかの入浴シーンは全部で43回であった。そのうち、自宅での入浴は40回。一方、のび太たちが、自宅にいるしずかに接触を図ったのが278回である。

２７８回訪ねていって、そのうち40回が入浴中。すると「入浴遭遇率」は14・４％ということになる。

おやっ、メチャクチャ多いわけでもなさそうだ。むしろ、のび太やドラえもんがしずかちゃんの家に行きすぎという気もしますなあ。


どこでもドアを使うと……


問題は、その「訪ねる方法」である。実は「しずかの家を普通に訪ねてみたら入浴中」というケースは32巻「腹話ロボット」の１回だけ。ジャイアンのリサイタルに誘いに行ったスネ夫が「しずかちゃんは　おふろからあがったら　すぐくるって」と報告している。

では残る39回はどうやって入浴現場に遭遇したかというと、そう、ひみつ道具！もっとも多いのは、どこでもドアだ。これでしずかの家に行くと「出口が浴室につながって、しずかが入浴中」というケースが、なんと10回もある。

逆に、どこでもドアでしずかの家に行き、入浴現場を見なかったのは、わずかに５回。つまり、どこでもドアでしずかの家に行くと、67％の確率で入浴現場に遭遇するのだ。

これに関して、のび太は38巻「カチンカチンライト」において、こう発言している。「きょうは入っていない。めずらしい……」。のび太もいつの間にか「行けばしずかは入浴中」が当たり前と思ってる！

そして、入浴シーンを何度も目撃していれば、のび太といえども、冷静になっていくらしい。18巻「スパイ衛星でさぐれ」では、浴室で「また、ふとったみたいだわ」と独白するしずかをスパイ衛星で見ながら、「そんなことないでしょ」と言っている。客観的な観察眼である。

20巻「アヤカリンで幸運を」では、どこでもドアでしずかのところへ行くとやっぱり入浴中で、のび太は「ほんとにもう……。きみにはあきれた!!　どうしてそういつも　おふろばかり入ってるの」と文句まで言っている。アヤカリンという薬を飲み「いいことのあった人に触って幸運を得よう」という魂胆《こんたん》あってのことなのだが、入浴中の女子に面と向かって言えることではない。

しずかの入浴シーンに慣れたのはジャイアンも同じようで、10巻「人間ラジコン」では、人間ラジコンの自動操縦に操られて、窓から源家の浴室に侵入。しずかが入浴中なのに気づいて最初は「ややっ」と喜ぶが、その後は「わざとじゃないよ。もんくはドラえもんにいってくれ」と冷静に言いながら、全裸のしずかの横を通り過ぎていくのだった。

しずかの入浴時間帯

しずかは、なぜこれほどまでに入浴を目撃されてしまうのか。東京ガス都市生活研究所の「現代人の入浴事情2015」によれば、日本人の1週間の入浴回数は、夏期7・2回、冬期6・4回。これは風呂とシャワーを合わせた回数なので、夏場には1日に2回以上風呂場を使う人がいるということだ。皆さん、きれい好きですなあ。

しずかの場合、筆者が気になるのは、その入浴時間帯だ。のび太たちがしずかの入浴を目撃するのは、28巻「夢はしご」の1回を除いて、明るいうち。学校が終わって、ドラえもんやジャイアンとひみつ道具で遊んでいる時間帯なのである。

ここから考えると、しずかは学校から帰ったら、とりあえずお風呂に入るのだろう。実際、36巻「『そんざいかん』がのぞいてる」では、訪ねてきた出木杉くんと自宅の前で談笑し、彼が帰ったとたんに、しずかは入浴の準備を始めている。また、4巻「石ころぼうし」では、勉強部屋にいる彼女に、家族が「しずちゃん　おふろにはいりなさい」と声をかけている。そのとき、部屋の時計が指し示していた時刻は5時ちょっと過ぎ。どうやら源家では、5時過ぎにしずかが入浴するという生活スタイルが定着しているようだ。

再び前掲「入浴事情」によれば、日本人がお風呂に入る時間帯は20～23時がいちばん多くて、夏期55・3％、冬期58・1％（平日）。それに16～19時が続く（夏期20・4

[図1] ホントにそうだろうと思います

%、冬期20・2%)。そして10代の女子がどれくらいの時間、入浴しているかというと、夏期の平均が27・7分、冬期の平均が33・0分だ。

——あれ？　こうなってくると「入浴遭遇率14・4%」は逆に低すぎないだろうか。これは「7回訪ねたら1回は入浴中」ということだが、もっと頻繁に遭遇していてもいいような気がする。

しずかが午後4時に帰宅し、暗くなる6時までに入浴する習慣だとした場合、前掲の夏期平均と同じ27・7分間お風呂に入っていれば、入浴遭遇率は23%に上るはずである。冬期平均33・0分間の入浴だったら、遭遇率は27・5%になる。

なのに、しずかの入浴遭遇率は14・4%。これ即ち、しずかは入浴時間が短いということでは!? その数値を単純に解釈すれば、午後4時から6時までの2時間のうち、彼女はその14・4%を入浴に費やしているという計算にもなり、それはわずかに17分。かなりスピーディーな入浴だっ【図1】。

もし、しずかが入浴に1時間もかける長風呂のヒトだったら、入浴遭遇率は50%となり、『ドラえもん』の入浴シーンはもっと増えたかもしれない。うーん、意外な結論ですなあ。

なお、筆者が入浴シーン43回を確認した限り、マンガのなかでしずかが「のび太さんのエッチ!」と言っているシーンは確認できませんでした。あれはアニメ限定のセリフのようです。

『文豪ストレイドッグス』に出てくる文豪たちが、
モノスゴク強くてビックリだ！

あれは中学の頃だったか。友人が「宮沢賢治って、筋骨隆々のすごい作家だったんだね」と言ってきた。そうだったのかと感心していると、彼は「だって『雨ニモマケズ　風ニモマケズ　雪ニモ夏ノ暑サニモ負ケヌ　丈夫ナカラダヲモチ』と言っている」。おーい、それは違うだろー。その詩は、宮沢賢治が肺病に倒れた晩年に書いたもの。最後まで読むと「サウイフモノニ　ワタシハナリタイ」と書いてある。健康を失ったからこその願望なのだと思うよ～。

　しかし、筆者も人のことは言えません。小林多喜二《こばやしたきじ》の『蟹工船』と聞くと、巨大なカニの怪獣がハサミから光線を発射する姿を思い浮かべてしまったし、ケストナーの『飛ぶ教室』は、その名のとおり教室がぴゅーんと飛んでいく話だと信じていたし、ヘルマン・ヘッセの『車輪の下』に至っては「車輪の下にあるのは地面だが、それが何か？」としか思えなかった。いやあ、ムズカシイですなあ、文学は……。

　そんな筆者にとって（たぶん友人にとっても）、嬉しいのが『文豪ストレイドッグス』である。そこに登場する宮沢賢治は、あっけらかんと明るい14歳の少年。そして、すごい力持ち。自動車を投げ、道路標識を根元から引きちぎる。そして、それらオドロキのシーンに添えられるのが、こんな詩だ。

　雨ニモマケズ　風ニモマケズ
鉄管《パイプ》ニモ　短刀《ナイフ》ニモ　金属打棒《バット》ニモマケヌ　丈夫ナカラダヲモチ

わーお、喜べ友人。キミの想像していた宮沢賢治が、さらにパワーアップして、ここにいるぞ！

『文スト』では、有名な作家を元にしたキャラたちが、実際の人物像や、作品に関連のある「異能」を持ち、3つのグループに分かれて、横浜を舞台にオドロキの戦いを繰り広げる。

すばらしいマンガである。ムズカシイ文学が、ぐっと身近に感じられるではないか。『文スト』には多くの文豪が登場するが、なかでも気になる人たちを紹介しよう。

銀河鉄道をブン投げられる!?

岩手県の花巻に生まれ、『銀河鉄道の夜』『セロ弾きのゴーシュ』『注文の多い料理店』などを書いたが、その作品は生前評価されず、37歳で世を去った……というのは、実在した宮沢賢治ね。

『文スト』の宮沢賢治は、電気も電話もない「イーハトーヴォ村」からやってきた。彼の持つ異能の名は「雨ニモマケズ」で、これが初披露されたのは、暴走族の集団に囲まれたときだった。

いきなり後ろから鉄パイプで殴られるが、頭をポリポリかきながら立ち上がり、乗用車を持ち上げて投げつける！　もう1台投げつける！　そして「止まれ」の道路標識が目につくと、根元から引きちぎって振り回し、暴走族をぶっ叩く！　宮沢賢治なのに！　もうビックリの連続だが、このヒトどれほどの怪力なのか。

乗用車は10ｍほど飛んでいた。計算すると、賢治は車を時速50㎞で投げたらしい。乗用車の重量は１ｔぐらいで、これを時速50㎞で投げるための力は20ｔだ。

道路標識にはいろいろな規格があるが、賢治の手と比べると、ぶん回したのは「直径60・８㎜、肉厚２・３㎜」のものと思われる。これを引きちぎる力は21ｔ。

さらにすごいのは、ポートマフィアとの戦いだ。地下鉄のレールをトンネルの床から引きはがし、バットのように振り回した！　地下鉄のレールは、長さ25ｍ、１ｍあたり50㎏のものが使われる。すると重さは１・２５ｔだが、レールのように長いものの端を握って持ち上げるときは、テコの原理でさらに大きな力が必要になる。マンガの描写を見ると、賢治はレールの端から50㎝ぐらいの位置を、両手をくっつけて握っていた。この「両手をくっつける」というのは最大の力が必要な持ち方で、賢治の片手の幅を10㎝とすると、発揮した力は74ｔ。そのうえ賢治は、レールを振り回していたけど、１秒で90度振り回した場合、その力は３９０ｔ。ホントにすごいな。

史上最大の蒸気機関車ビッグボーイが３４５・６ｔだから、賢治はこの機関車も持ち上げられるということだ。さすが『銀河鉄道の夜』の作者！　……という感心の仕方でいいのかな。

重力を操る中原中也

『文スト』をご存じない人にも、実在した文豪とキャラの関係はわかっていただけただろう。

では、続いて中原中也。「汚れつちまつた悲しみに」で有名なこの詩人は、30歳の若さで亡くなったが、印象的な詩をたくさん残した。その一つが『サーカス』で、空中ブランコの動きを、人生の不安に重ねて「ゆあーん　ゆよーん　ゆやゆよん」と表現した。

一方『文スト』の中原中也は、重力を操る！　ブランコが空中で折り返す瞬間は無重力になるが、これと関係あるのかもしれない。マンガの中也は、天井に逆さに立ったり、そこから降りて、コンクリートの床にクモの巣状のヒビを入れたり……と自在に活躍する。

彼の行動を科学的に考えると、どうなるか？　天井に立った中也は、コートも天井に向かって垂れ下がっていたし、帽子も落ちてこなかった。おそらく天井に向かって、地球の重力より強い重力を発生させていたのだろう。

降りてきて床にヒビを入れたのは、体に働く重力を何倍にも増大させたからではないか。マンガのコマを見ると、ヒビは直径5ｍほどの円形に広がっている。床の厚さが20㎝なら、9・6ｔのコンクリートを破壊したことになる。飛び降りた落差は3ｍ

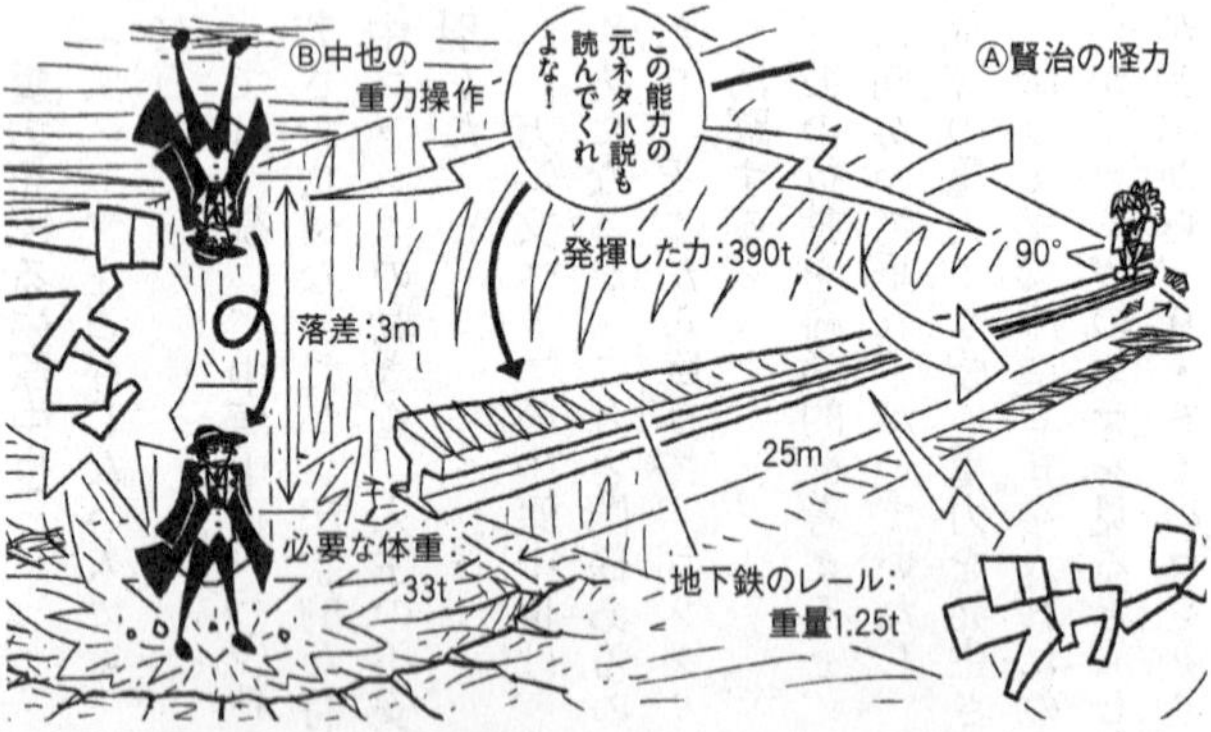

［図1］劇中では、賢治と中也は戦っていたけど、周囲は大変なコトになるなあ

ほどだったが、この高度で右のような破壊が可能なのは、33tの物体が落ちた場合。マンガの中也は体重60kgと設定されているから、このときは重力を550倍にも強くしたということ……【図1】!?

こんな中也がのしかかってきたら、アフリカゾウ4頭に踏まれるのと同じ。踏まれつちまった悲しみに、今日で命が終わります〜。

すごい文豪キャラが続々だあ

梶井《かじい》基次《もとじ》郎《ろう》の『檸檬《れもん》』は、果物屋で買ったレモンを書店の棚に置いて去り、爆弾を仕掛けた空想をして、心を晴らすという短編小説だ。これに対して『文スト』の梶井基次郎は、レモン型の爆弾を武器にする！　まことにまっすぐな発想である。

しかし、勘違いしてはならない。基次郎の

異能は「レモン型の爆弾を作る」ことではなく、「レモン型の爆弾でダメージを受けない」ことなのだ。この異能のおかげで「レモン型の爆弾で戦えば、自分だけは安全」ということになる。

基次郎は、電車に爆弾を仕掛けてジャックした。本人の車内アナウンスによれば、それはなんと「皆様が月まで飛べる量」だという。いくらなんでも本当だろうか⁉

マンガでは、乗客は数十人、電車は3両編成に見えるから、総重量は96tほどと思われる。宇宙ロケットを参考に考えると、96tの物体を月まで飛ばすのに必要な爆薬は7700t。レモン型爆弾が1個150gとすると、5200万個が必要だ。レモン型の爆弾は、すべて基次郎の手作りだというが、基次郎は夜を日に継いで作り続けたのだろうか……。

中島敦《なかじまあつし》は『山月記《さんげつき》』で有名な作家。これは「中国の唐の時代に、優れた詩を書きたいあまり、人間の心を失ってしまった男が虎になってしまう」という小説だが、『文スト』の中島敦は、自分自身が虎に変身！　しかも体長が5mほどもある。インドに棲むベンガルトラは、最大で体長2・8m、体重300kg。これを元に計算すると、虎になった中島敦は体重1・7t。デカい！

太宰治は、何度も自殺を試みて、ついに本当に自殺して世を去った。完成させた最後の作品は、本当の自分を隠して生きる青年の無力感を描いた小説『人間失格』だ。

それに対して『文スト』の太宰治は、異能「人間失格」で、他人の異能を無力化する！　そして、やたらに自殺しようとする！　おいおい……。

与謝野晶子《よさのあきこ》は、日露戦争に召集された弟に呼びかける反戦詩『君死に給ふことなかれ』を書いた。『文スト』の与謝野晶子は、「君死給勿」という異能で、瀕死の重傷者をたちまち復活させる。ただし「瀕死の重傷者しか治せない」ため、重傷だけれど瀕死ではない患者は、チェーンソーその他で瀕死にしてから治療する！「瀕死」と「死亡」の境界を越えたらオシマイで、いや、それはあまりにキケンな異能だと思います。

それにしてもまあ、なんとも個性豊かで恐るべきヒトたちであるか。文学の新しい可能性を見た気がします。

『マリオカート』では、
バナナで車がスピンするけど、
あれは実際に起こること?

都内を歩いていると、マリオカートっぽい車で走っている外国人観光客を見かけることがある。楽しそうだなあと思いながらも、ワタクシはそこはかとない違和感を覚えてしまう。

マリオカートがそんなに整然と走るなんて！　さあ障害物をバラまいて妨害だあ！　もちろん、公道でそんなコトをしたら、ものすごく危険。絶対やってはならん行為とわかってはいるが、『マリオカート』の印象が強くて、ついココロのなかでそう思ってしまうのであります。

さてさて、その危険行為が許されるマリオカート。第一作『スーパーマリオカート』の発売は1992年というから、なんと四半世紀も前だ。そして2017年には新作『マリオカート8デラックス』が発売された。

そんなに長く人気抜群なのにも驚くが、第一作から連綿《れんめん》と使われ続ける妨害アイテムがあることにもビックリする。それはバナナの皮！　バナナの皮にカートが乗り上げると、滑ってスピンする。一貫して変わらぬ、由緒《ゆいしょ》ある伝統である。

だが、よく考えると不思議ではないだろうか。のは、古くからマンガやアニメやコメディ映画のお約束。しかし、筆者も長く生きてきたけど、友人知人が「いやあ、バナナの皮で転んじゃって」と言っているのを聞いたことはない。新聞やネットでも読んだことがない。もちろん筆者自身も、バナナの皮で転んだ体験など、一度もありません。

2本の足で歩く人間でさえそうなのに、4輪で走る車がバナナの皮で滑るなどという現象が起こるのだろうか？　この不思議な問題を科学的に考えてみたい。

そのバナナは、どれほどデカい？

警察庁交通局の発表によると、2016年に発生した交通事故は49万9201件。そのうち1台の車が単独で事故を起こしたケース（車両単独事故）は、1万3781件だ。

さらにその内訳は、電柱などにぶつかる「工作物衝突」が6403件、停まっている車にぶつかる「駐車車両衝突」が832件、道路から飛び出す「路外逸脱」が1052件、「転倒」が3425件、「その他」が2069件。「バナナでスリップ」はない。というより、そんな項目がない。

「路外逸脱」や「転倒」や「その他」には原因がいろいろあるから、ひょっとしたらこれらのなかに、バナナの皮による不幸な事故が含まれていたりするのだろうか？もし本書の読者に警察関係、道路安全管理関係で働く方がいらっしゃったらお知らせください。

もちろん『マリオカート』シリーズの場合、バナナの皮は偶然に落ちているのではなく、先行するレーサーたちが意図的にまき散らすものだ。こういう状況なら、バナナの皮によるスリップ事故が多発するのだろうか？

まずは、現場検証をしてみよう。17年発売の『マリオカート8デラックス』で、バナナの皮を探すと……うおっ、デカイ！

バナナは、下半分だけ皮をむかれた状態で、タコさんウインナーのようにコースに立っているのだが、高さがカートの車高の2倍ほどもある。カートの車高を50㎝とすると、高さは1ｍということだ。それが上半分なのだから、全長は2ｍ。世界を震撼《しんかん》させる巨大バナナである。

これは普通のバナナと比べてどうなのか。

そこで近所のスーパーでバナナを買ってきた。長さを測ると17㎝、重さは138ｇ。さっそく皮をむいて食べ……いや、食べる前に量りましょう。はかりに載せると、食べる部分は85ｇ、皮は53ｇであった。

相似な物体では、重さは「長さの3乗」に比例する。『デラックス』のバナナの長さ2ｍとは、買ってきたバナナ17㎝の12倍だから、重さは12×12×12＝1728倍になる。ということは、この巨大バナナは、皮をむく前の重量がなんと238㎏！　中身が147㎏。皮だけでも92㎏もあるわけだ。ものすごいですな。

こうなると、皮だけで92㎏もある巨大なバナナを、走行中のカートからどうやって投げたのかが気になる。

現実的に考えると、これほど重いものは両腕で抱えるしかないだろうから、高速走行中のレーサーたちは、ハンドルから両手を離して92kgもあるバナナの皮をヨイショと抱え上げ……って、運転中にそんなことをしたら危なくてたまらん！　絶対にやらないでほしい。

実際にはどうやっているのだろうか。ゲームのなかでその場面を探すと、ややっ、マリオが投げようとしているバナナの皮は、ごく普通の大きさだ。ということは、このバナナの皮は、いつもは普通の大きさなのに、投げると巨大化するってこと？　うーむ、不思議不思議、摩訶《まか》不思議。まあ、キノコを食べて本人が巨大化する『マリオ』の世界において、バナナが巨大化したぐらいで驚いてはいけないのかもしれないが……。

バナナの皮はなぜ滑る？

バナナの大きさに驚いて、思わずスーパーにまで行ったりしたが（そのうえ結局バナナは食べました）、気がつけば問題は何一つ解決していない。考えるべきは「バナナの皮で車が滑ることがあり得るのか」であった。

これに近い問題を、学術的に研究した科学者がいる。北里大学の馬渕清資《まぶちきよし》名誉教授だ。医療工学を専門とする馬渕教授は、バナナの皮の滑りやすさを人工関節などの潤滑に活かせないかと考え、バナナの皮を人間が踏んだときの滑りやすさと、その原因を究明。2014年に「人を笑わせ、そして考えさせる研究」に贈られるイグノーベル賞を受賞した。

その研究によれば、バナナの皮には、粘液の入った袋がたくさんあり、圧迫されると、袋が破れて飛び出した粘液が、潤滑油の役割を果たすという。バナナの皮が滑りやすいことは、科学的にもちゃんと理由が確かめられているのだ。

そして馬渕教授は、病院などの床に使われる「リノリウム」という材質の床に、バナナの皮を置いて靴で踏んだ場合と、何も置かずに踏んだ場合とで、靴の底との「摩擦係数」を測定した。

摩擦係数とは「滑りにくさ」を表す数値で、値が小さいほど滑りやすい。たとえば、車のタイヤとアスファルトの摩擦係数は、路面が乾いていれば1・0、濡れていれば0・2。氷とスケート靴のブレードでは、0・003〜0・01と測定されている（『摩擦のおはなし』田中久一郎／日本規格協会）。

馬渕教授の実験では、直接リノリウムを踏んだ場合の摩擦係数は0・412だったが、バナナの皮を置いて踏むと0・066だったという。この実験で、バナナの皮は、靴の6倍以上も滑りやすいことが明らかになったわけだ。

前述のように、タイヤと濡れた路面の摩擦係数は０・２だから、つまり「バナナの皮は雨の日の道路の３倍も滑りやすい」ことになる！

マリオカートが危ない！

では、車がバナナの皮を踏むと、実際にどうなるのか？

通常のバナナの皮なら、たとえタイヤが滑っても、たちまち潰れて押し広げられ、滑らせ能力を失うに違いない。だからこそ、バナナの皮による交通事故を見聞することはないのだろう。

だが、マリオたちのカートが踏むのは、通常の12倍という巨大なバナナ。筆者がスーパーで買ったバナナは皮の厚さが３㎜だったことから考えると、この巨大バナナの皮は３・６㎝もの厚みなのだ。そんなモノの長さが２ｍもあるわけだから、これを踏むということは、雨の道路の３倍も滑りやすい路面が２ｍも続くのと同じ！

これは危険だ。Ｆ１のマシンは、柔らかくて溝のないタイヤを履く。路面との摩擦熱でタイヤ表面のゴムを溶かし、ガムテープのような粘着力を発生させて、強いグリップを生むためだ。その反面、雨が降ると、粘着力が生まれないうえに、溝がないためにタイヤと路面のあいだに水の膜ができる「ハイドロプレーニング現象」が起こり、きわめて滑りやすいという。

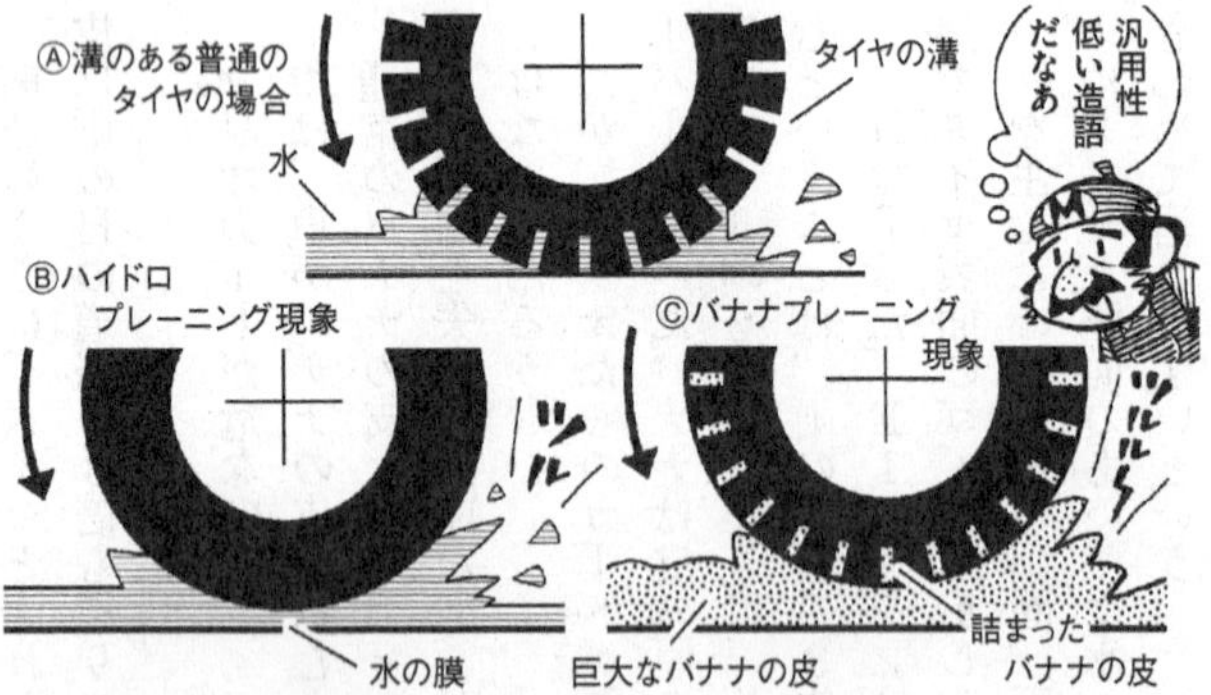

[図1]「バナナプレーニング」現象はとってもキケン。気をつけよう

すると、マリオたちのタイヤに溝があったとしても、分厚いバナナの皮で目詰まりを起こして「バナナプレーニング現象」が発生してしまうのでは!? うーむっ、それはすごくキケンかもしれない【図1】。

バナナの皮をサーキットコースに投げ込むのが危ないことは間違いない。それでもすぐ体勢を立て直し、レースを再開するマリオたちのドライビングテクニックには脱帽するばかりだ。

なんとスバラシイのだろう。
『マジンガーZ』のおっぱいミサイルを絶賛する！

電子レンジを使うことを、何でもかんでも「チンする」と言ってる人はいませんか？　いけませんぞ、われわれ科学の子は「加熱する」「解凍する」など正しく使い分けましょう。

と、言葉の使い方にはうるさい筆者だが、長い人生のなかでは正式名称を用いることなく、イメージそのまんまの言葉を使っていたこともある。それこそは「おっぱいミサイル」。

アフロダイA《エース》という女性型ロボットの豊満な胸がミサイルになっており、ボイ〜ンボイ〜ンと飛び出して、敵のロボットをボカ〜ンボカ〜ンと攻撃する。正式名称は「光子力ミサイル」とか「アフロダイミサイル」とかいうらしいのだが、ええい、そんなまどろっこしい呼び方ができるかいっ。おっぱいがぶっ飛んでいって爆発する。このスバラシイ武器を「おっぱいミサイル」と呼ばずして、何と呼ぶ!?（↑だから「光子力ミサイル」と呼びましょう）。

このおっぱいミサイルが登場したのは、1970年代のロボットアニメ『マジンガーZ』である。放送開始のとき小学5年生だった筆者は、毎回テレビの前に正座して見ていた。それはマジンガーZを建造した兜十蔵《かぶとじゅうぞう》博士をモノスゴク尊敬していたから。博士は、孫の兜甲児《こうじ》（主人公）にマジンガーZを譲るときこう言った。

「マジンガーZさえあれば、お前は神にも悪魔にもなれる」。

おお〜っ。人間と科学の関係を、これほど的確に言い得た言葉があるだろうか!?

このように、科学の学び舎のようなつもりで見ていた『マジンガーZ』で、おっぱいミサイルが炸裂したのだから、もうビックリ&大喜びしたのである。これをぶっ放すアフロダイAの操縦者は、弓《ゆみ》さやか。マジンガーZを支援する光子力研究所の所長・弓弦之助《げんのすけ》教授の一人娘である。

取りつけたのは誰か?

筆者は昔から、兜十蔵博士を尊敬するあまり、弓教授を過小評価するきらいがあった。以前から「16歳の弓さやかがアフロダイAに搭乗しているのは、さやかが大天才か、弓教授が親バカか、光子力研究所が人材不足のいずれかの理由に違いない」などと、暴言を吐いては顰蹙《ひんしゅく》を買ってきたのだ。

だが、意外に立派な人物だったようで、光子力の悪用を防ぐために、その後政治家に転身。2018年に公開された映画『マジンガーZ INFINITY』は、テレビ版の10年後を舞台とした続編だが、その話のなかではなんと日本の総理大臣になっていた! う〜む、あやつがまさかそこまで出世するとは……。

話を戻せば、アフロダイAはもともと、地質調査用のロボットだった。当然、武器など装備していなかったのだが、それがなぜ胸からミサイルをぶっ放すようになったのだろう？　正座して見ていたはずだが、昔すぎて記憶がないので、久しぶりにアニメを鑑賞したところ……。

マジンガーZが光子力研究所の支援を受けるようになり、アフロダイAも戦場へ出るようになった。ところが、武器を持たないため、マジンガーZの足手まといになるケースがあった。そこで第4話、ある研究員が弓教授にこんな進言をする。

研究員「アフロダイAもガードぐらいはしなければならないと思うんですが、どうでしょうか」

弓教授「ふ〜む」

研究員「実は地質調査用のミサイルを、ある場合はガードに使用できるように装備したんです」

弓教授「仕方がないだろう」

——ここで画面が屋外の実験場に切り替わり、アフロダイAがおっぱいミサイルをぶっ放す！

驚くべきことである。この名もない研究員は、地質調査用のミサイルをアフロダイAに独断で装備し、事後承諾を取りつけようとしているのだ。ってことは、女性型ロボットのおっぱいをミサイルにしようと思いついたのもこの男！　アフロダイAの専任操縦者は上司の愛娘《まなむすめ》なのに！

だが、さやかは動じなかった。おっぱいミサイルの爆発力を確認すると「お父さま、第一弾のテストには成功しました。でも、こんなことには使わないで、やっぱり地質調査にだけ使ってたほうがいいわね」と、あくまで非常措置であり、本来は平和利用に徹すべきことを確認したのだ。「どこにミサイルつけてんのよ！」と拒絶感をあらわにしても不思議はないケースだと思うが、ミサイルの装備部位などまったく問題にしていない。なんとまあ、オトナですなあ。

おっぱいがいっぱいだ！

このおっぱいミサイル、威力はどれほどだろうか。
アフロダイAは身長16m、体重18t。ちょうど人間の女性の10倍ほどの身長だ。その胸から発射されるおっぱいミサイルは、前方がまぁるい半球になっている。『スーパーロボット大鑑』（メディアワークス）などの絵で測定すると、直径は1・2mというところか。
そして、昔から不思議で不思議で仕方がなかったのだが、発射されたミサイルを見ると、長さが直径の5倍ほどもある。すると全長6mということになるが、そんな長大なモノがアフロダイAの胸に装備できるのか!?　人間でいえば、背中から乳頭まで60cm……というコトになってしまい、ヒジョ～に考えづらい。いや、発射される前

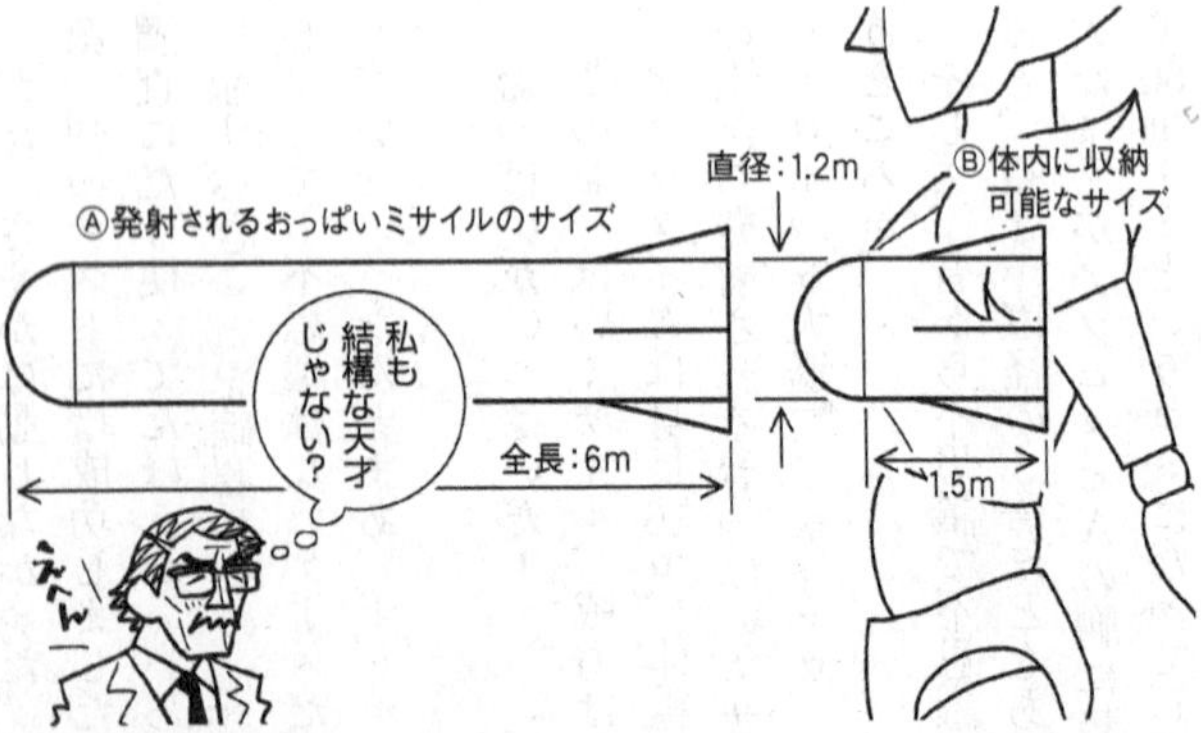

[図1] どうしてこんなミサイルが出てくるのか、ホントに不思議

は、きちんと収まっているのである。収納時には、おっぱいミサイルの後方は、ジャバラ状に折りたたまれているのだろうか？　うーん……【図1】。

どう考えても謎が解けないので、ここでは発射前の形状で考えることにしよう。ミサイルは先端が半球で、途中から円筒形と仮定する。アフロダイAの体の前後の厚みは2mほどなので、円筒の長さを1・5mと考えると、このミサイルは直径1・2m、長さ2・1m（半球の半径0・6m＋円筒の長さ1・5m）となる。その表面が厚さ1㎝のジュラルミンで覆われており、内部に燃料と爆薬が半々に入っていると考えれば、推定重量は2・2t。左右合わせて4・4tである。なんと体重の4分の1という、すごいおっぱいだ！

このサイズだと、破壊力もたいへんなもの

になるはずだ。計算すると、着弾地点から半径80m以内の建物が吹き飛ぶ。世界一強力なおっぱいだ！

さらに驚くべきことに、おっぱいミサイルはその後パワーアップする。第60話から、連続発射が可能になったのだ。

確かに左右1発ずつしか撃てなかったら、撃った後の戦力ダウンが心配である。このたびの改良で、撃っても撃っても、あとからあとからおっぱいが出現するようになったのはスバラシイが、1発ずつの時代さえ収納問題で悩ましかったのに、そんなにいっぱいのおっぱい、どこに収納しているんだろう!?

前述のとおり、筆者の推定ではミサイル1発が2・2tもある。アフロダイAの体重は18tだから、おっぱい8発をぶっ放した時点で、内部はほぼカラッポ。9発だと、おっぱいが体重を上回るというナゾなことになってしまう。うーむ、この問題、科学では太刀打ちできませんなあ。

おっぱいをつかんで空を飛ぶ！

これに関しては、もう一つオドロキのできごとがあった。マジンガーZがおっぱいで空を飛んだのだ！

それは第32話。空飛ぶ機械獣・ケルベロスJ3《ジエースリー》との戦いで、当時は空を飛べなかっ

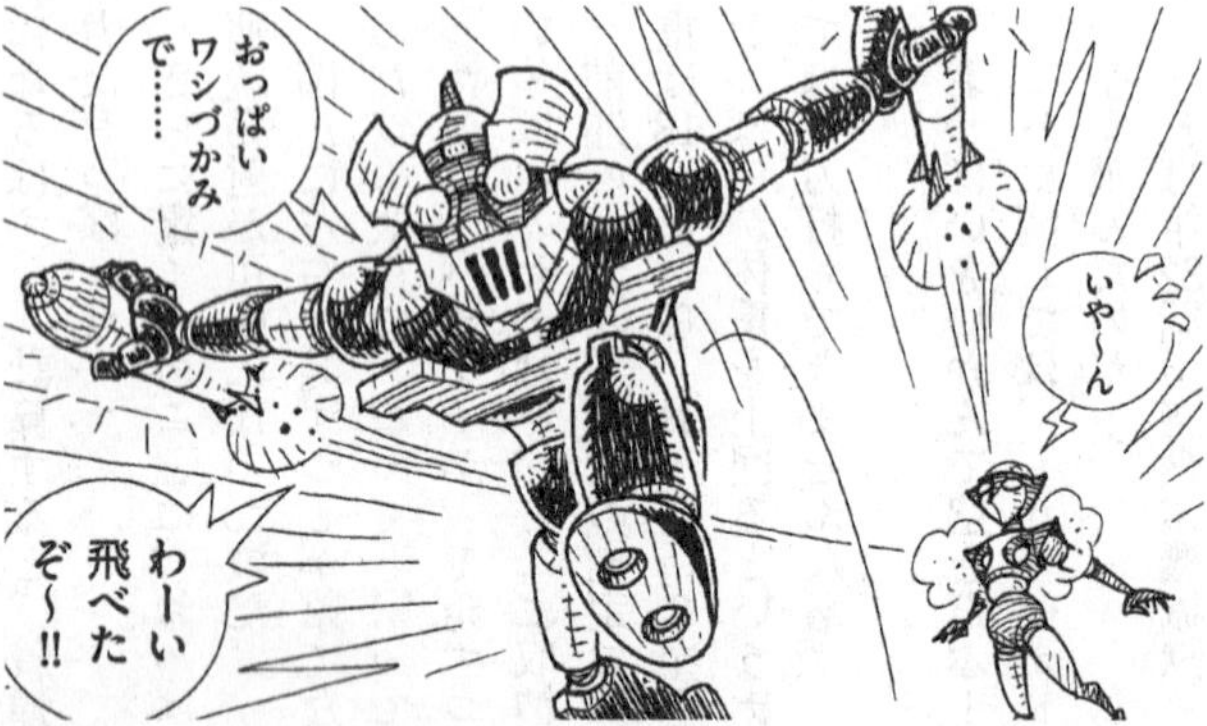

[図2] つかんでいるのは、あくまでもロケットです

たマジンガーZは敗北を喫してしまう。しかしボクらの主人公はくじけなかった。小型宇宙ロケットをアフロダイAの胸に装填し、超ボインのおっぱいミサイルとした！　偉いぞ、甲児クン！

いや、超ボインにしたのが偉いのではなく（それも偉いけど）、マジンガーZがこれを使って空を飛んだのが偉い！　具体的には、マジンガーZを全力疾走させて、さやかに後方からロケットを発射してもらい、ジャンプして両手でむんずとワシづかみ。それを推進力に空を飛んだのだ。おっぱいをつかんで空を飛ぶとはあまりにも羨ましい……いや、スバラシイ飛行法である**[図2]**。

しかし、これは可能なことなのか。マジンガーZは身長18m、体重20t。身長180cm、体重70kgの人が身長18mに相似拡大したら、

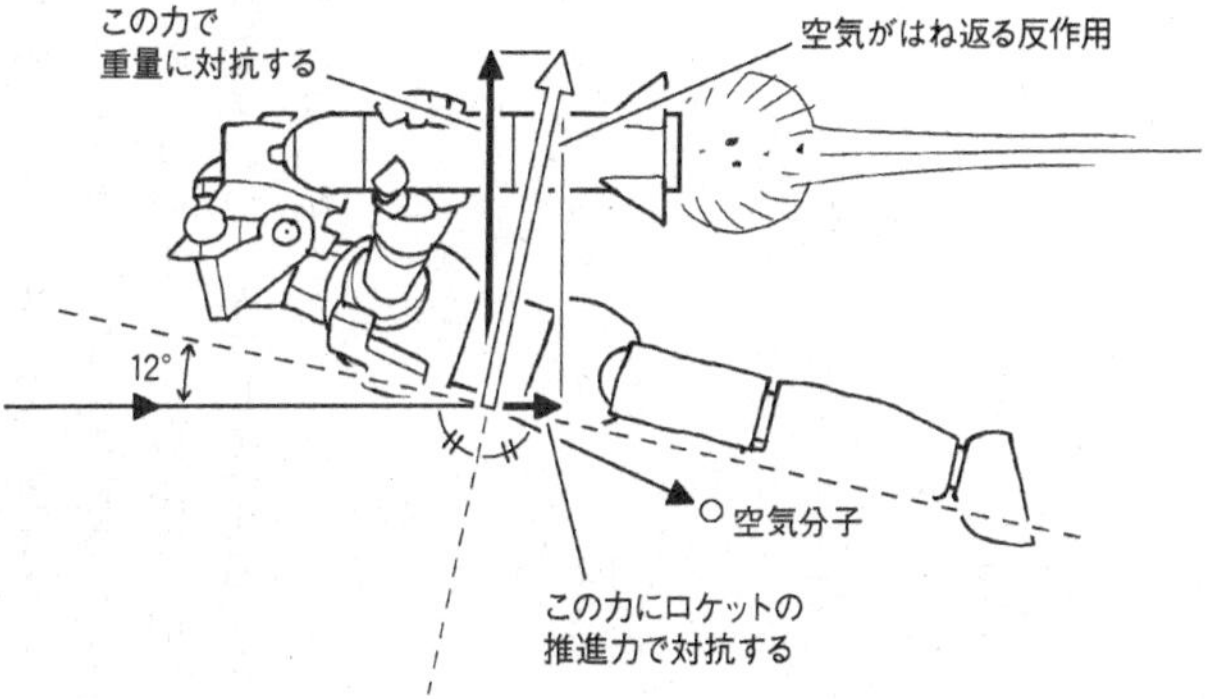

［図3］こうすれば飛べるはずなのだ。すばらしか

体重は千倍の70ｔになるはずだから、それと比較すると、マジンガーＺはかなり軽いことになる。これは飛ぶのに有利だ。またマジンガーＺの走る速さは時速360kmだが、このエピソードにおいてスピードアップが図られ、画面で測定すると時速500kmになったと思われる。

そして、おっぱいロケットは、全長5ｍ、直径85cmほど。Ｈ－ⅡＢロケットを元に考えると、推定重量530kgほどだろうか。これを体重20ｔのマジンガーＺが空中でキャッチすると、スピードは時速1200kmにアップするはずである。

これらを元に、筆者が計算する限り、マジンガーＺが空中で**【図3】**のような体勢を取れば（顔を足より高くして、体を水平から12度傾ける）、凧《たこ》と同じ仕組みで20ｔの揚力が発生する。マジンガーZは20tだから、おおっ、ギリギリながらマジンガーZは飛べるということだ！　体重の軽さと、走行速度の速さが可能にした科学の勝利である。

おっぱいミサイル自体は、現代科学でも解き明かせないナゾを内包しているが、それをワシづかみにして空を飛ぶことは可能。ふむふむ、これはなかなか喜ばしい結論ではないか。

『ドラゴンクエスト』のスライムとは、どんな生き物なんだろう？

『ドラゴンクエスト』シリーズといえば、筆者はスライムがアタマに浮かびます。脱力したような表情で、水滴のような体に目と口があるだけというシンプルな造形なのに、ヒジョ〜に印象深い。恐るべきことだ。

スライムは、最弱のモンスターで、倒しても少ししか経験値も上がらない。でも、何もしないでいるとぶつかってくるから、油断は禁物である。

第1作からシリーズ全部に登場していて、はじめは青い色のものだけだったが、やがていろいろなバージョンが登場するようになり、呪文を使えるスライムや、キングスライムやクイーンスライムという大きなものも現れた。ウルトラスライムに至っては、山より大きいこともある。

また、普段は柔らかいのに、体を硬くして攻撃を寄せつけないメタルスライムなどもいて、科学的にもまことに興味深いキャラクターだ。スライムとは、いったいどんな生物なのか。ぜひとも考えてみたい。

スライムとはどんな生物？

スライムは『ドラクエ』だけのキャラクターではなく、さまざまな小説や映画、他のゲームにも登場する。もともと「ドロドロした粘着性の物質」という意味で、魚やカタツムリなどの粘液のこと。同じ名前のものが玩具として売られている。

玩具のスライムは、水、洗濯糊、ホウ砂《しゃ》で作ることができて、手のひらに乗せると ドロドロと流れ落ちるのに、つまんで引っ張ればわずかな弾力性を感じられるなど、独特の感触。小説や映画に出てくるスライムたちも、おそらくそんなイメージで描かれてきたのだろう。

ところが『ドラクエ』のスライムからは、少し違う印象を受ける。最大の特徴は、跳んでも跳ねても、水滴のようなカタチが崩れないこと。

もし、スライムの体が、玩具のスライムのような物質でできているとしたら大変だ。玩具のスライムは、少しでも低いところへ流れようとするから、水滴のような形を保っていられず、ただ立っているだけで、だんだん体がペタンコになってくる。最後は真っ平らに！

ひょっとしたら、玩具のスライムのような物質が、薄い膜に包まれているのだろうか。生き物の体を作る細胞も、細胞質という流動する物質が、細胞膜に包まれている。スライムの体も同じ構造なら、あの水滴のようなカタチを維持することもできるかもしれない。

ただしその場合、スライムは体がたった一つの細胞でできた単細胞生物ということになる。現実の世界の単細胞生物といえば、細菌、酵母、藻類（ミカヅキモ、ケイソウ）、原生生物（アメーバ、ゾウリムシ、ミドリムシ）などだから、これはもうメチャメチャ原始的だ！

だが、もしそうだとすると、納得のいく点がある。単細胞生物のなかで、自分で動くことのできるものは、光や電気などの刺激に対して、近づくか、遠ざかるか……という単純な行動をする（これを「走性」という）。スライムも、人間を見つけるとピョンピョン跳ねて近づいてくるから、あれも走性の一つなのかもしれない。

「単細胞生物に、スライムのように目や口があるの？」という気もするが、これも不思議ではない。ミドリムシには「眼点」という光を感じる小器官があるし、ゾウリムシには「細胞口」という口の役割を果たす部分がある。そう考えれば、スライムが単細胞生物でも、目や口くらいあっていいのだ！

また「単細胞生物としては大きすぎない⁉」と不審に思われるかもしれない。確かに、アメーバは1㎜、ゾウリムシは0・15㎜と、多くの単細胞生物は小さい。だが、バロニアという単細胞の藻類は、直径10㎝の卵型。クセノフィオフォラというアメーバの近縁は、ワカメのような姿で長さが20㎝もある。単細胞生物にも結構大きなものがいるから、スライムくらい大きいのもアリかも！

などなどミョ〜に納得できてしまうのだが、少し気になることもある。それは、多くの単細胞生物が水中に棲んでいること。陸上では体内の水分が蒸発して、たちまち干からびるからだ。

この問題は、ぼくらのスライムでも確かに不安である。ゲームの冒頭からやたら出てくるスライムだが、健康のためには水中か、せめて湿っぽい日陰でじっとしていることをおススメしたい。

ダイラタンシー現象とは？

数あるスライムのなかで筆者が特に気になるのは、メタルスライムだ。普段は柔らかいのに、攻撃を受けると硬くなるとは、また面妖《めんよう》な。いったいどんな物質でできているのだろう？

参考になりそうなのが「ダイラタンシー現象」である。自宅でも簡単に実験できるので、おヒマなときにぜひやってみてください。ボウルに片栗粉を入れて、ひたひたに水を注ぎ、手でよくかき混ぜる。この段階で、早くも不思議な感触があるが、そのまま一晩置く。――以上、実験準備終わり。

翌日、表面の水を捨て、片栗粉にゆっくりと指を突っ込んでみよう。指は吸い込まれるようにズブズブと潜っていく。ところが、素速くパンチを打ち込むと、拳は跳ね返される！

これ、非常に不思議な感覚である。同じように、片栗粉に50㎝ほどの高さから乾電池を落とすと、ゴンと跳ね返されるが、直後にズブズブと潜り込んでいく。これもなんだか非日常な感じだ。

水とよく混ざった片栗粉は、弱い力に対しては柔らかいが、強い衝撃に対しては硬くなる。これがダイラタンシー現象。片栗粉と片栗粉の隙間には水がたまっているので、変形させるには、隙間から隙間へと水を移動させなければならない。ゆっくり力を加えれば、水は滑らかに移動して変形するが、急に力を加えると、水が移動する時間がないために変形しないのだ。

これを応用したものに「Ｄ３Ｏ《ディースリーオー》」という素材がある。普段は粘土のような手触りで、指で自由に形を変えられるが、テーブルにおいてハンマーで叩くと、変形することなく、ハンマーを跳ね返す（ネットで「Ｄ３Ｏ」「衝撃硬化」などで検索すれば、映像がいっぱい出てきます）。

メタルスライムの体でも、ダイラタンシー現象が起きているとすれば、普段は柔らかいが、攻撃に対して硬くなるのも不思議はないことになる。そんな厄介な体質のモンスターを、どうやって攻撃すればいいのだろう？

剣で激しく斬りつけるなど、まったくの無駄だろう。できるだけそ〜ッと、剣を静かに差し込めば、吸い込まれるようにズブズブ潜っていくのではないだろうか。『ドラクエ』の勇者にはまったく似合わない攻撃法だが、仕方がないか……【図１】。

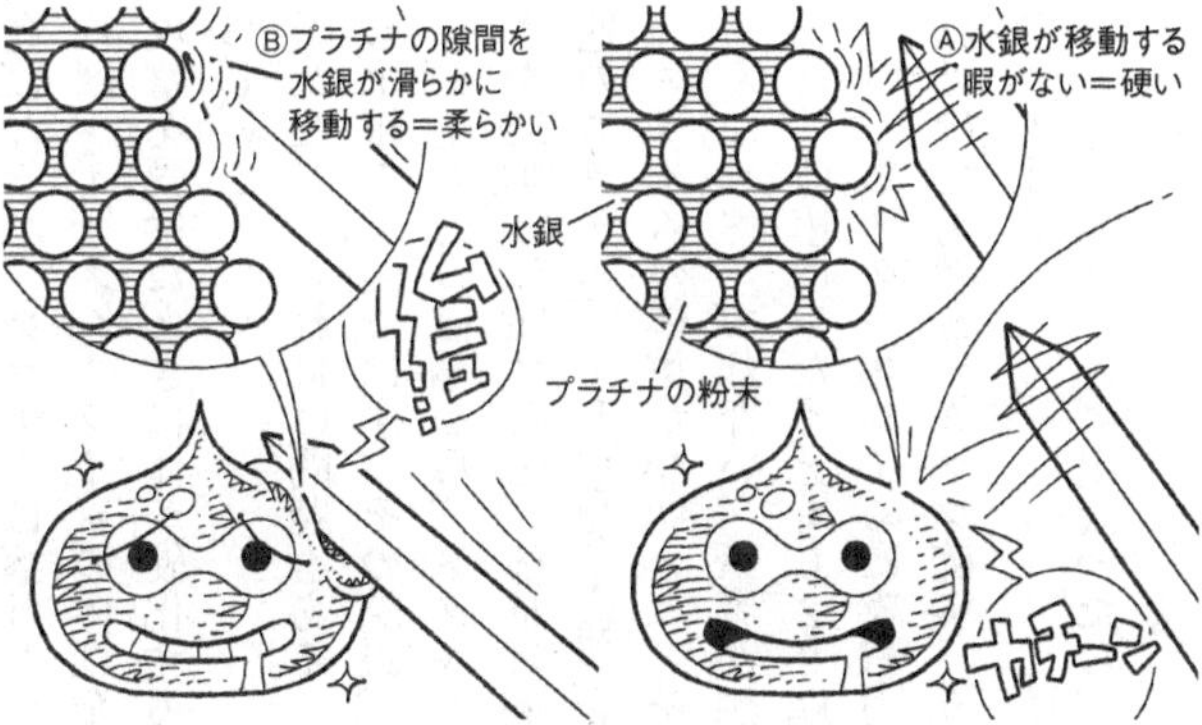

[図１] 攻撃を受けた瞬間、体が硬化するとしたら……

メタルスライムはめちゃ重！

メタルスライムについては、もう一つ気になることがある。

「メタル」とは金属のことだから、体は金属でできている可能性がある。常温で液体になっている金属といえば、水銀だ。

水銀は密度がとても大きな金属で、１Lあたり13・5kg。鉄の密度は１Lあたり７・９kgだから、それよりはるかに大きい。鉄のハンマーや砲丸投げの球を水銀に入れると、プカプカ浮かぶ。

そして一般的に、ダイラタンシー現象が起こるのは、液体にそれより密度の大きな粉末が混じったとき。水銀より密度の大きな物質には、たとえば１Lあたり19・３kgの金や、21・５kgのプラチナがある。

金は水銀に溶けて「アマルガム」という合

金になるが、プラチナは溶けない。したがって、水銀にプラチナの粉末が混ざっていれば、①メタルスライムの体は金属でできている、②ダイラタンシー現象によって、攻撃を受けたときに体が硬化する、という2つの現象が説明できるのだ。なんとすばらしい！

ただし、これには問題もある。このようなメタルスライムの体の密度は、少なくとも水銀を上回るはず。その結果、メチャクチャ重いと思われるのだ。

ゲーム内の描写から、メタルスライムの体の横幅を50㎝、頭のトンガリを除いた高さを35㎝と仮定すると、体積は46Lになる。このサイズのスライムの場合、中身が普通のスライム（1Lあたり1㎏）だとしたら、体重は46㎏だ。

スライムの体重が46㎏とは、それだけでも意外に重く感じるが、メタルスライムはそんなレベルではない。筆者が想像するように、中身が水銀＋プラチナの粉末だとしたら、体重は少なくとも620㎏。牛ぐらい！

いくらメタルスライムに攻撃力がないといっても、こんなのに乗っかられたら、それだけで勇者もオダブツ確実。う〜ん、剣をそ〜ッと差し込んだりしている余裕があるかなあ。

メタルスライムに出会ったら、近づきすぎないように気をつけましょう。

シンデレラを探すのに
「ガラスの靴を履かせる」という方法は
正解だったのか？

『シンデレラ』の話を知らない人はいないだろう。幼い頃から「科学〜科学〜」とうわごとのように言ってたワタクシでも、昔から知っています。

原典はグリムやシャルル・ペローの童話『灰かぶり』といわれるが、それを元に、オペラや、バレエや、芝居や、小説や、絵本や、映画や、ミュージカルや、マンガや、アニメや、東京ディズニーランドのお城が作られ、世界中で知られる『シンデレラ』となった。時空を超えたすごいコンテンツである。

本稿では、シンデレラに訪れた幸運について科学的に検証しよう。

豪華な馬車だ。売り払おう!

お城の王子さまが、お妃探しのために舞踏会を開くことになった。シンデレラも胸を弾ませるが、舞踏会に着ていけるようなドレスはなく、お留守番となった。

そこへ魔法使いが現れ、シンデレラのボロボロな服を美しいドレスに変え、カボチャを馬車に、ネズミを馬に、トカゲを御者に変えて、舞踏会に行けるように計らう。ただし、魔法使いはこう言った。「時計が12時を打つと、この魔法は解けてしまう。12時までには必ずお城を出るんだよ」。

いや〜、あらためて考えると、ドキドキしますなあ、この話。豪華な装いはすべて仮初《かりそ》めで、形を保つのは12時まで。いったいどうなるんだっ!?（↑知ってるって）

さて、『シンデレラ』の物語はいくつもあり、話の細部はいろいろ違う。そのなかに「カボチャの馬車は金《きん》でできていた」というバージョンがあるのだが、筆者はこれが気になって仕方がない。

馬車が金でできていたら、大変である。金は重い金属で、1Lの牛乳パックの大きさだと、重さは19・3kg。カボチャが直径3m、高さ1・5mほどに拡大したと仮定し、乗り込めるように内部が空洞で、壁や床の厚さが1cmだと考えると、馬車の重量はなんと3・8tだ。これは、四輪駆動などの大きな乗用車2台分の重さ。馬に姿を変えられて、これを引っ張らされたネズミも苦労しただろう。

これだけの金となると値段もすごい。この原稿を書いている本日の相場で、金は1gあたり4792円。3・8tだと時価180億円だ！　この金のカボチャの馬車1台で、1両3億円の新幹線が60両買えるし、金の相場によっては、打ち上げ費用100億円のH－ⅡAロケットが2機も打ち上げられる！

こんなお宝が手に入ったら、筆者ならもう、迷わず売りに行きますね。しかし、欲をかいて買い取り価格を吊り上げようと粘っているうちに、12時になって魔法が解ける……と。シュ～ン。

オチまで想像して元気をなくしている場合ではない。シンデレラは売っ払ったりせず、このカボチャの馬車で舞踏会に行ったのだ。よほど行きたかったのだろうなあ。

大丈夫か、この王子さま!?

こうしてシンデレラは、念願の舞踏会に少し遅れて参加する。王子さまはその美しさに魅せられ、ダンスを申し込む。2人は夢のように楽しい時間を過ごすのだが、このときシンデレラが履いているのは、ガラスの靴。そんなモノを履いて夢中で踊れるシンデレラとは、なかなか勇猛な女である。

筆者としては、体重のかかるヒールが折れないか、心配で仕方がない。ガラスは圧縮する力には意外に強く、断面積1㎠あたり11tもの荷重に耐える。ただしそれは傷のないときの話で、ガラスはわずかな傷でもあると、強度が極端に落ちるのだ。お城の床は石畳と思われるが、そんな場所で何時間も踊って、傷がつかないのか。ガラスが圧縮力で壊れるときは、竹ヤリのように斜めに割れるから、小さな傷からパキッと折れたら、最悪の場合は切っ先が王子さまの足にグサッ……! ひーっ。

ガラスの材質特性から、そんな心配ばかりが頭に浮かんでしまうが、『シンデレラ』においてガラスの靴は割れることもなく、そして不思議なことに、12時が過ぎてもガラスの靴だけは元に戻ることもなかった。だからこそ、名前も告げず走り去ったシンデレラを探す唯一の手がかりになったわけで、これこそがシンデレラ最大のラッキーであろう。

しかし、王子さまには、ひとこと申し上げたい。そもそもこの舞踏会は、お妃を探すために開いたものだろう。気に入った女性がいたら、名前くらい聞かんかい！

実は科学的な王子さまだった!?

人の恋路にケチをつけてないで、科学的に気になる問題を考えたい。

シンデレラが去った翌日、王子さまは「このガラスの靴に足がぴったり合う人をお嫁さんにする」と宣言して、家来に靴の持ち主を探させる。普通に考えれば、この方法はとってもマズイと思う。靴というのは、サイズが合えば他の人でも履けるのだから。

ところが物語では、国じゅうの娘に履かせたけれど、誰の足にも入らなくて、とうとうシンデレラの家にやってきた。「誰の足にも入らなかった」ということは、シンデレラの足が、かなり小さかったということに他ならない！

女性の足のサイズについて調べたところ、女性８７０人に靴のサイズを聞いたアンケート結果が見つかった。それによると、女性の足の平均サイズは23・５cmだという。

また、こういう統計を取ると、平均から離れるほど人数が減っていく山なりのグラフができる。その人数の減り具合を表す「標準偏差」が、この統計では「１cm」だという。これは、平均から上下に１cmずれた22・５cmから24・５cmのなかに68％の人が含まれ、２cmずれた21・５cmから25・５cmのあいだに95％が含まれるということだ。

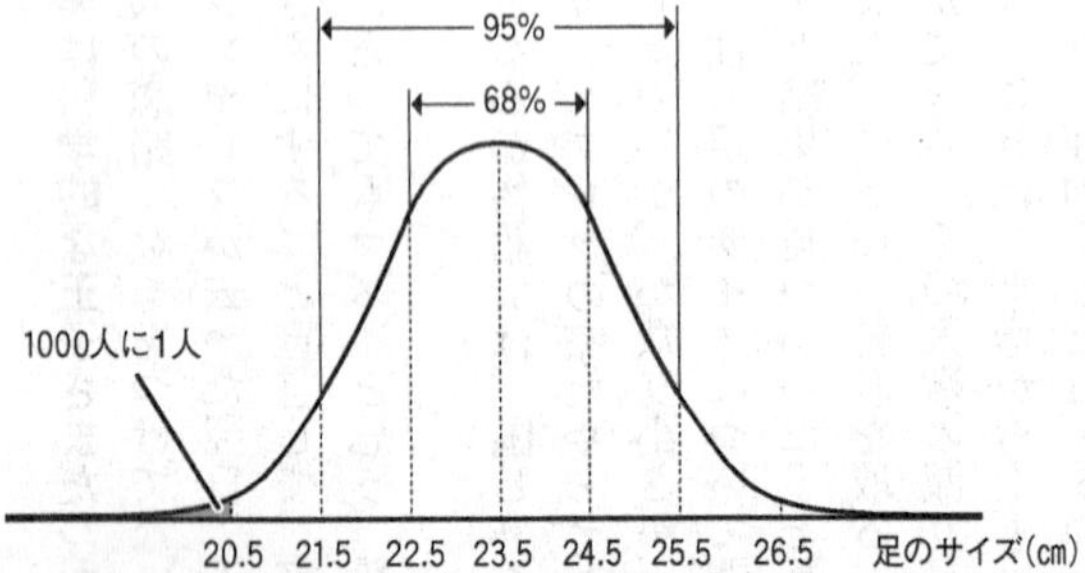

[表1] 統計では、95%の女性の足は21.5〜25.5㎝に含まれる

すると、シンデレラの足のサイズはどれほどだったのか？　国に年頃の娘が千人いたとして、そのうちもっとも小さな足の大きさとは、統計的に20・5㎝だ【表1】！

これはなかなか小さい足である。筆者は、こういう小さな足の人には会った記憶がないような……。

だとしたら、先ほどの「靴だけを判定基準にするのはどうか」という筆者の指摘は見当違いかもしれない。もし王子さまが、残されたガラスの靴を見て「こんな足のサイズの女性は、わが国には統計的に1人しかいないはず！」と考えて、靴を手がかりにシンデレラを探させたとしたら、彼はとっても科学的な王子さまということになる。ふーむ、物事はよくよく考えなければいけませんなあ。

『ドラゴンボール』で行われた
「重力100倍の部屋」の修行がものすごい!

空想科学の世界には普通に登場するけど、実際には容易に実現できない技術の代表に「人工重力」がある。

人工的に重力を発生させる現実的な方法は、①スピードを上げ続けるか（車が急発進すると、背中がシートに押しつけられる）、②回転して遠心力を作り出すか（宇宙ステーションでは、この方法が考えられている）、③とてつもなく重い物質を近くに置くか（地上に重力が働いているのは、地球が重いから）……などしかない。スイッチを押せばブーンと音がして重力が発生する……というような「人工重力発生装置」は、いまのところ実現の可能性はおろか、理論の影さえ見えていないのだ。

ところが『ドラゴンボール』のフリーザ編には、人工重力発生装置が登場する。しかも悟空は、それを使って「重力が地上の100倍」という環境を作り出して、壮絶な特訓を行った！

なるほど、人工的に重力を作り出せる装置なら、重力の強さも自由に調節できるんでしょうなあ。などと感心している場合ではない。地上の100倍もの重力を作り出し、そこで修行なんかしても大丈夫なのか？　本稿では、この特訓について考えてみたい。

不眠不休の特訓

悟空がこの特訓を決意したのは、深刻な必要に迫られていたからだ。

ベジータとの激闘で、悟空は重傷を負い、多くの仲間が命を落としてしまった。神さまも死亡（！）したため、ドラゴンボールを集めても、生き返らせることはできない。だが、ナメック星にもドラゴンボールがあり、それを手に入れれば、仲間たちを生き返らせることができるという！

そこで、クリリン、息子の悟飯、ブルマの3人が、先に宇宙船でナメック星に向かい、悟空は傷を治してから追いかけることになった。ナメック星では、激しい戦いが予想されるため、悟空は強くなっておく必要があった……というのが、このエピソードの背景だ。

悟空は、自分の乗る宇宙船に人工重力装置を搭載してもらう。かつて重力が地球の10倍も強い界王星《かいおうせい》で修行して強くなった経験から、ナメック星に着くまでのあいだに、さらに強力な重力のもとで修行しようというのだ。

宇宙船が地球を飛び立つと、悟空はまず重力を20倍に設定し、修行を始めた。慣れてくると、30倍、50倍……と強くしながら、不眠不休で自らを追い込む。そして5日後。ナメック星に着く直前には、１００倍の重力下でも、自由に動けるようになっていた……！

ふーむ。こう書くと、なんだかお手軽な特訓のようにも思えますなあ。20倍に慣れたから、30倍に。それにも慣れたから、50倍、１００倍に。しかし科学的に考えると、これはあまりにもムチャな修行である。こんな特訓をしたら、体はどうなってしまうのか？

あらゆるものが100倍の重さに

重力や遠心力の強さを表す単位「G」。地上の重力と同じなら1G、100倍なら100Gだ。

出発前、人工重力装置を開発したブルマの父が、こう警告していた。「100Gといやあ　なんだよ　60キロの体重だったら6000キロになっちまうんだよ！　6tだよ！　死ぬよ　ふつうだったら」。

そのとおりでしょうなあ。100Gのもとでは、すべてのものの重さが100倍になる。鉛筆1本が400gになり、消しゴム1個が2kgになり、あなたが読んでいるこの角川文庫『空想科学読本』が13kgになってしまう。携帯電話は250gほどだが、それが25kgにもなるから、とても携帯できまっしぇん！

自分自身の体重も、ブルマの父が指摘するように100倍になる。どうがんばっても、立つこともできないだろう。

これは、筋肉を鍛えてもどうにもならない。人間の太ももの骨は、片足で800kgの重さに耐える。驚く強度に見えるが、60kgぐらいの体重を支えながら飛んだり跳ね

[図1] 重力100倍の環境では、転んだら時速150kmで地面に激突する

たりするには、このぐらいの強さが必要なのだ。この状況下、体重が6tにもなったら、いくら筋肉を鍛えても骨が折れてしまう。

そして健康な人間の場合、どんなにカルシウムを摂取してトレーニングしても、骨の強化は1・5倍ほどが限界だ。ただし、悟空はサイヤ人なので、なんらかの方法で、骨も100倍ぐらいに強くなったのかもしれないが……。

壮絶すぎる100Gの世界!

100Gの重力下で起きることは、それだけではない。過酷な事態がいくつも考えられるのだ。それを列挙すると――。

その1・落下の衝撃が100倍に!

これは、同じ高さから落ちても、100倍の高さから落ちたのと同じダメージを受ける、ということだ。たとえば、高さ20㎝の段差を降りると、高度20mから落ちたのと同じ衝撃！　並の人間だったら、階段を下りただけで死ぬでしょー。

その2・落下のスピードが10倍に！

物体を同じ高さから落としたとき、速度は10倍になり、落下にかかる時間は10分の1になる。何かにつまずいて転ぶ場合も、これは同じ。たとえば、身長170㎝の人が地球上で転ぶと、つまずいてから0・42秒後に時速15㎞で地面にぶつかる。ところが、100Gのもとでは、そんな生易しいコトでは済まない。時間は10分の1の「0・042秒後」に、速度は10倍の「時速150㎞」で激突！　とっさに手を突くヒマもなく、顔面を強打する。ちょっと転んだだけ……と思ったら、高速道路で起こった事故以上に悲惨な結果になり、きっと死ぬでしょー【図1】。

その3・血液が体の低いところに集まる！

10Gを超えると、その影響で、脳に血液が不足したり、血液が集まりすぎたりして、失神するといわれる。100Gになると、失神も失神、大失神。血液を送り出す心臓にもモノスゴイ負担がかかって、これもやっぱり死ぬでしょー。

修行の成果はどれほどか？

というわけで、何かといえばホイホイ死にそうな100倍の重力だけど、それはもちろん普通の人間の場合。もともと人間ばなれしていた悟空は、5日間の修行でとてつもないレベルに達していた。

１００Ｇの重力下、右腕１本で逆立ちして、その右腕だけで２ｍほどジャンプし、半回転して脚で着地したのだ。これは地球上なら、右腕だけで２００ｍジャンプできるということ。あまりにもすごい。

悟空はどれほど己《おのれ》を鍛えたのか。ジャンプの直前、右腕を10㎝曲げたとすると、そこから地上で２００ｍジャンプできるとしたら、腕は体重の２００ｍ÷10㎝＝２千倍の力を出せることになる。悟空の体重が60㎏なら、片手の腕力が１２０ｔ！

体操選手のなかには、片手で逆立ちできる人がいるが、その体勢からジャンプはできないだろう。つまり、人間は鍛えても、片腕で体重を支えるくらいが精いっぱいなのに、悟空は自らをその2千倍にまで鍛えたのだ。

その後、悟空は人工重力装置のスイッチを切って、どれほど強くなったかを確かめた。野球ボールほどの石を水平にぶんっと投げ、シャッと走って、自分の投げた石を追い越し、パシッとキャッチしたのである。

悟空の表情から、普通の人間が時速80㎞で投げるぐらいの力を入れていたと考えよう。すると、実際にはその2千倍の力がこもっていたはず。その場合、速度は45倍となり、時速３６００㎞！　その石をキャッチできたということは、悟空は時速３６０

①時速80kmで
投げるつもり
ぶんっ
②実際には
時速3600kmで飛ぶ石
シャッ
②石よりも速く走る！
マッハ2.9以上？
③先回りして
キャッチ！

[図2] マッハ2.9で石を投げるのもスゴイが、それより速く走れるとは！

0km以上で走れるようになったわけだ。時速3600kmとはマッハ2・9であり、100m走のタイムは0秒1【図2】！

いやあ、こうなるともう、何がなんだかわからない世界ですなあ、重力100倍特訓。何度も言うけど、普通の人なら確実に死ぬので、機会があっても実行しないようにしましょう。

『サザエさん』や『忍たま乱太郎』のキャラは、ずっと年齢が変わらないが、それはどうして？

これは読者からいただいた質問。う～む。それを筆者に聞かれても……という気がするものの、いわれてみれば、確かに気になる問題だ。

人間は誰でも誕生日を迎えれば、1歳ずつ年を取る。筆者の場合は、大学受験に失敗して浪人したし、大学では成績不振で「降年」さえ経験したけれど、それでも年齢は重ねました。

ところが、マンガやアニメではそうではないことがしばしばある。

『忍たま乱太郎』の乱太郎たちは、いつまで経っても忍術学園の1年生！
『名探偵コナン』のコナンはずっと小学1年生！　蘭ちゃんはずっと高校2年生！
『クレヨンしんちゃん』の野原しんのすけは、何年経っても5歳！
『サザエさん』のタラちゃんは、永遠の3歳！

これ、どういうことかなあ？　不自然といえば、モーレツに不自然だ。科学で解明できるかどうかわからないが、さまざまな例を見ながら、彼らが年を取らない理由を考えてみよう。

乱太郎たちは、いま何歳？

アニメ『忍たま乱太郎』が始まったのは1993年4月。当時、乱太郎たちは10歳だった。そのときから、この原稿を書いている2018年4月まで、実に25年が経過している。もし彼らが、年月とともに年齢を重ねていたら、いまごろはどうなっているのだろう？

乱太郎も、きり丸も、しんベヱも、今年で35歳！　奥さんや子どもがいても不思議ではなく、立派なサラリーマン……いや、忍者として働き盛りの年齢になっている。くの一教室のユキちゃんやトモミちゃんは、当時11歳だったから、いま36歳か。うーむ、さまざまな経験を重ねて、美しさが底光りを始める素敵な年齢ですなあ。

気になるのは、番組スタート時にすでにおじいさんだった学園長である。学園長の年齢は「70歳以上」とされていた。70歳になったときから、年を数えるのをやめてしまったらしい。仮に75歳だったとすると、それから25年経った今年は、御年取られて100歳！　もう、学校の統括責任者を後進に譲ってもおかしくないご寿齢でいらっしゃる。

さらに心配なのは、ヘムヘムだ。この優れた忍犬は、学園長が忍術学園を卒業して間もない頃に出会い、そのときは子犬だった。忍術学園は6年までだから、学園長が卒業したのはおそらく15歳のとき。出会ったのが16歳のときだとすれば、ヘムヘムがそのとき0歳でも、学園長より16歳若いことになる。すると番組が始まったとき学園長が75歳なら、ヘムヘムは当時59歳、現在84歳！　犬の平均寿命は15歳ほどだから、その5倍以上。人間が400歳を突破して生きるようなもので、モノスゴク長寿だ！

あの人たちの現在の年齢は？

同じ考え方をすると、他の人たちの年齢もすごいことになる。アニメで計算すれば、こうだ。

ちびまる子ちゃん……1990年に9歳↓現在37歳
野原しんのすけ……1992年に5歳↓現在31歳
江戸川コナン………1996年に7歳（本当は17歳）↓現在29歳（本当は39歳）

みなさん、社会の中堅としてバリバリやっていらっしゃる年齢なのだなあ。しんのすけも、いつまでも「おしりブリブリ」に打ち興じている場合ではない。

しかも、このレベルで済むのは、これらが90年代に始まったアニメだからだ。73年に始まった『ドラえもん』の野比のび太など、45年の歳月を経て、小学4年生＝10歳から現在55歳になっている！　55歳にもなって、友達に泣かされたり、ロボットに頼ったりしていたら、周囲に心配されると思うがなあ。

さらにすごいのは、『サザエさん』で、69年に始まって、もう49年も続いている。磯野一家の年齢は『アニメ　サザエさん公式大図鑑　サザエでございま〜す！』（扶桑社）で、フネさんを除いて明らかになっている。計算するのもオソロシイが、勇気を振り絞ってやってみると……。

タラちゃん……3歳↓現在52歳

[図1] 2019年以降に読む場合は、上の年齢に適宜数字を足してね

ワカメ……………9歳→現在58歳
カツオ……………11歳→現在60歳
サザエさん………24歳→現在73歳
マスオさん………28歳→現在77歳
波平さん…………54歳→現在１０３歳

ひえ～っ、これはすごい！　タラちゃんですら、孫がいても不思議ではない年齢である【図1】。カツオがもし普通の会社に勤めていたら、定年退職！　また、日本には１００歳以上の方が現在６万７８２４人（２０１７年）いらっしゃるが、波平さんもその１人！　お元気で何よりですなあ。

こんなふうに皆が年齢を重ねていっても、それはそれで面白いアニメになりそうな気もするが、そこで描かれる家族の風景は、もはやわれわれの知る『サザエさん』ではないだろう。人々が年を取らないのは、長寿番組にとって、その存率基盤となる重大要件なのである。

年齢を重ねるとどうなるか？

実際、年齢の積み重ねとともに、内容もだいぶ変わった作品が、04年から不定期に連載されたマンガ『中春こまわり君』であった。

74年に発表されるや大ブームとなった『がきデカ』の続編で、かつて逆向《さかむけ》小学校に通っていた主人公は、『中春こまわり君』では電器メーカーに勤務する38歳になっていた。子どもの頃は「死刑！」とか「アフリカ象が好き！」と言っては下半身を露出していたこまわり君だが、いまは妻と息子がいる。『がきデカ』で美少年だった西城くんと酒を酌《く》み交わしながら、家庭や仕事の悩みを話し合うシーンには、じーんと胸が熱くなりました……。

同じ路線を突っ走り、キャラクターたちが見事に年を重ねていったのは『男塾』シリーズだ。85年にヒットした『魁《さきがけ》!! 男塾』は、全国の不良を集めて次世代のリーダーを育てる「男塾」を舞台に、高校生（たぶん）たちが己《おのれ》を鍛え、友情を育んでいくマンガだった。その続編『暁!! 男塾 青年よ、大死を抱け』の連載が始まったのは01年。そこでは、前作『魁!!』で男を磨いた男たちの息子たちが男を磨くという話になっていて、父たちはいいオジサンになっていた。

それだけではない。14年にスタートした『極!! 男塾』はさらにその続編で、『暁!!』の人々はオジサンになり、『魁!!』の人々はおジイさんになっていたのだ。その冒頭、かつて『魁!!』で活躍した田沢と松尾は老人ホームに入っており、富樫に至っては老衰でご臨終！　ところが、塾長・江田島平八から招集がかかると、松尾も田沢もシャキッと復活し、息を引き取っていた富樫さえも甦って、元気に飛び出して新たな活躍を始めたではないか。これにはホントにびっくりしました。

面白ければアリだ！

年齢問題について、オドロキの展開を見せたのが、角川文庫『空想科学読本 正義のパンチは光の速さ!?』でも紹介した受験勉強マンガ『とどろけ！一番』だ。小学6年生の轟一番《とどろきいちばん》が、超難関・開布中学への合格を目指し、さまざまな秘技を編み出していく……という80年代の作品。

ところが、物語の初期の頃、一番は開布中学に落ちてしまうのである。なぜか？　答えはなんとビックリ、「一番はまだ5年生だった」から！　母親の出生届にミスがあって……と説明されていたが、これにはホントに驚いた。

この前代未聞の展開について、作者ののむらしんぼ先生が『コロコロ創刊伝説』（小学館）で当時の裏話を描いている。それによれば、連載がスタートしたのが1月発売号だったので、連載3回目の3月発売号で一番の受験シーンを描くことになり、するると連載は3回で終了……と思われた。ところが、予想外に人気が出てしまったため、連載の続行が決まり、担当編集者の提案で、一番が実はまだ5年生だったことにした、というわけ。えーっ、そんなのアリ!?

劇中、しんぼ先生も「そんなのアリですか〜っ!?」と驚いていたが、担当編集者は「面白ければなんでもアリだ〜っ!!」と答えたという。

はい、答えが出たみたいですね。年を取るのも取らないのも、年齢が逆行するのも、作品を面白くするための工夫のようです。そして、面白ければなんでもアリ! 筆者も大賛成である。

『斉木楠雄のΨ難』の楠雄は
どんな超能力でも使えるけど、
実際にできたら便利？

しまッ
超能力はムダに使っても
コーヒーゼリーは絶対にムダにしないぞ！
た〜!!
はむ
コロン

超能力が使えたらいいなあと思ったこと、ありませんか。

約束に遅刻しそうなとき、瞬間移動でバビュン！　仕事相手の心を密かに読んで、うまい具合に話を運ぶ！　とても便利そうだし、ラクそうだ。

そんな憧れの気持ちに対して、超能力ってそんなにいいものか？と問いかけるマンガが『斉木《さいき》楠雄《くすお》のΨ難《さいなん》』である。

高校2年生の斉木楠雄は、あらゆる超能力が使える。テレパシーも透視もテレポートも。その結果、努力して何かを得る喜びも知らず、女子からのメールにドキドキすることもない（心が読めるし、内臓まで透視できてしまうから）。楠雄にとって、超能力があることはヨロコビどころか「Ψ難」、つまり災難でしかないのだ。

しかも、こうした能力を持っていることがバレたら、大騒ぎになってしまうから、楠雄はすべての能力を隠している。友人たちとも、できるだけ関わらない。それでも、困ったクラスメートを助けるなど、ちょっとしたことについ使ってしまうのがヒジョーにオモシロイ。

ここでは、楠雄の超能力の使い方について、いくつかの例を科学的に見てみよう。

コーヒーゼリーが好きすぎる！

楠雄が大好物のコーヒーゼリーを食べていたときのことだ。両親が夫婦ゲンカを始め、衝撃でスプーンに載っていたコーヒーゼリーひとかけらが落下した。楠雄はすかさず床に寝転び、口で受け止めた……！

一見すると地味だが、すごい話である。マンガでは、コーヒーゼリーが落ちる過程が、4コマにわたって時間表示つきで克明に描写されていた。

0・02秒後、コーヒーゼリーが落下する

0・05秒後、もっと落下する

0・07秒後、楠雄の顔が出現

0・08秒後、床に腹ばいになり、口でキャッチ！

楠雄の顔の横幅を20㎝と仮定してコマで測ると、楠雄の顔が出現してからゼリーをキャッチするまで、その顔が動いた距離は47㎝である。マンガの描写を見る限り、これだけの距離を0・01秒で移動したことになるから、そのスピードは秒速47m＝時速170㎞！

オドロキだ。いや、楠雄の体力に驚いているのではない。人間は下向きに動くとき、どんなに筋力があっても、身長の高さからの落下速度より速く動くことはできない。楠雄の公式設定身長は167㎝で、この高さからの落下速度とは時速21㎞。その8倍以上も速いのだから、このとき楠雄は猛スピードで移動したのではなく、明らかに瞬間移動を使っている！

ひとかけらのために瞬間移動とは、彼のコーヒーゼリー愛も尋常ではない。

エレベーターが落ちても助かる方法

ある回では、楠雄の入っていた大きな箱が高さ30mから落下した。楠雄は慌てず騒がず「君も覚えておくといい　この状況で無傷で済む方法……」と読者に語りかけながら、箱が地面にぶつかる直前に、内部でジャンプ！　スタッと着地して「ね？　簡単でしょ？」。

これは、エレベーターのワイヤーが切れた場合の対処法として、ときどき耳にする方法だ。本当にそれで大丈夫なのだろうか!?　楠雄の能力を検証しながら、この問題も考えてみよう。

エレベーターが高さ30m（＝8階建てのビルくらい）から落下した場合、時速87kmで地面に激突する。そのままでは命が危ないが、ぶつかる直前にジャンプしたら？たとえば、垂直跳びで60cm飛べる人は、時速12kmで床から飛び上がっている計算になる。その人が落下中のエレベーターのなかで飛べば、確かにその分だけ落下速度は遅くなる。時速87km−時速12km＝時速75km。つまり、地面にぶつかるスピードは時速75kmであり、遅くなったとはいえ、このスピードで地面に激突したら、やっぱり命はないだろう。

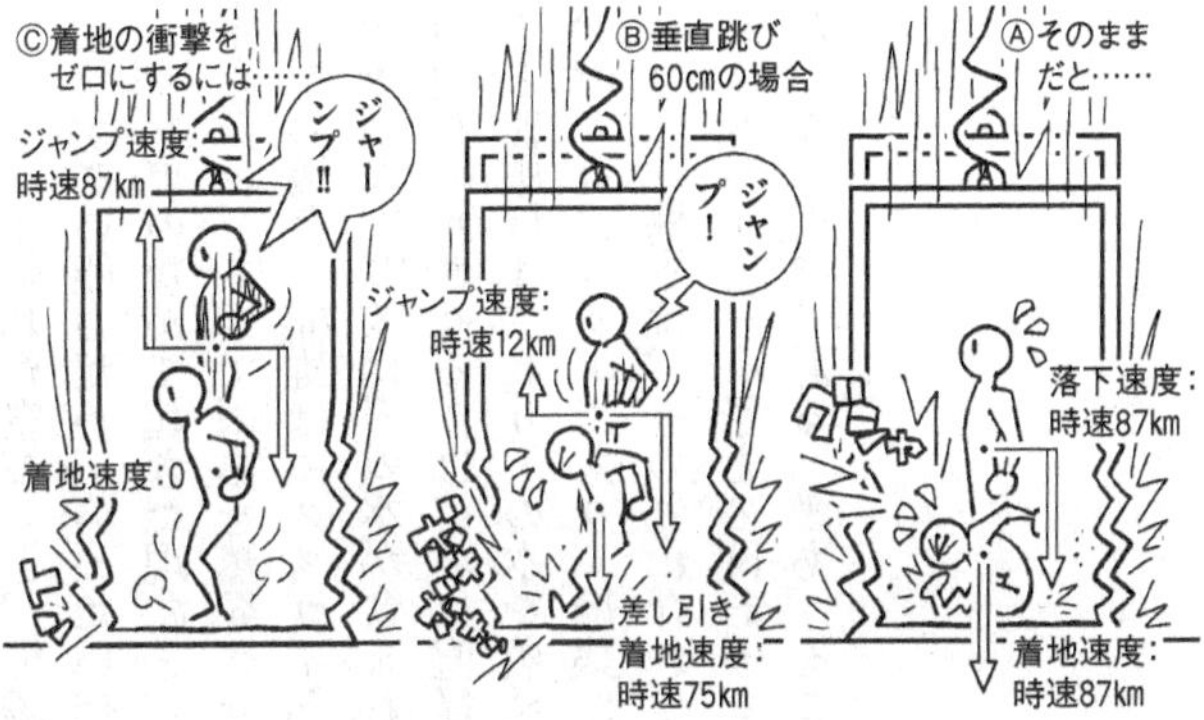

[図1] エレベーターが落下したときは時速87kmでジャンプしよう！

時速87㎞で落ちるエレベーターのなかで、衝撃をゼロにできるのは、時速87㎞で飛び上がれる人だけ。そういう人は高度30ｍまでジャンプできるはずであり、そんなコトができるのは、間違いなく楠雄だけだ**【図1】**！

天気も変えられる！

楠雄のクラスに、夢原知予《ゆめはらちよ》というかわいい女子がいる。夢原さんは楠雄が好きなのだが、人と関わりたくない楠雄は、彼女を避けている。

ある雨の日、夢原さんはいいアイデアを思いついた。傘を持ってきていない楠雄を自分の傘に入れて、いっしょに帰ろうというのだ。だが、夢原さんの心を読んだ楠雄は、屋上に登ると、手から真上に光線を発射し、雨雲に穴を開けた！

こうして晴れた空のもと、楠雄は一人てくてくと帰っていく。天気をも変えられるとはすごい能力だが、いったい何が起こったのか。

マンガのなかで起きた現象と、楠雄の能力から考えると、火や熱を出す超能力「パイロキネシス」で雨雲を蒸発させたと思われる。

この場合、楠雄はモノスゴイ熱を放ったはずだ。その厚さは3㎞ほど。雨雲とは小さな水滴の集まりで、1㎥あたり2gほどの水が含まれる。また、学校から家までの範囲を晴れさせるには、雲に直径1㎞ぐらいの穴を開ける必要があるだろうから、すると楠雄は4700tの水を蒸発させたことになる。このとき放った熱エネルギーは30億キロカロリーであり、爆薬に換算すると3千t！

つまり楠雄は、その気になれば爆薬3千t分の灼熱攻撃ができるのだ。それほどのエネルギーを、女子との関わりを避けるために使うとは……。ああ、イロイロともったいないヤツである。まあ、そこが面白いんだけど。

仮面ライダー555は、
フォームチェンジするとスピードが千倍に！
はたして便利な能力か？

えっ、『仮面ライダー555《ファイズ》』の放送が終わって、もう15年!? そんなに経つの!? まあ、平成ライダーシリーズの第4作で、その後2017年までに15作品も作られてきたから、もういまのご時世、『555』を覚えている人も、数少ないかもしれんのう……。

などと老け込んだりはしませんぞ。30年経とうが、50年経とうが、筆者は『555』を忘れない。あれは名作であった。心ならずも怪人「オルフェノク」になってしまった人々の悲しみが胸に迫った。彼ら彼女らを支えようとする人たちの善意にも胸を打たれた。

だがそれ以上に、仮面ライダーファイズの能力が科学的に素晴らしかったのである。左手首の機械を操作してアクセルフォームにチェンジすると、10秒間だけ、あらゆる動作のスピードが千倍になる!

千倍って、すごくないですか。千倍になれば、体長30cmの子猫が300mに。月給20万円が2億円に。もうなんかよくわからんけど、モノスゴイ!

もちろん、仮面ライダーファイズは千倍に巨大化したり、千倍の大金持ちになったりするのではなく、動作が千倍にスピードアップするだけだ。

でも前述のとおり、あまりといえばあんまりなアップ率。いきなり動きが千倍に速くなっても大丈夫なのだろうか。この問題を真剣に考えてみよう。

バイクに乗るよりずっと速い！

男子100m走のいちばん古い記録は1912年の10秒6。現在の世界記録は9秒58である。100有余年のスピードアップ率は、わずかに1・1倍だ。

また、東海道新幹線の最高時速は、開業時（1964年）が時速210kmだったのに対して、現在は時速285km。技術の粋を凝らしても、半世紀で1・4倍増である。

それに対して、仮面ライダーファイズは千倍！　これは時速4kmで歩く人が、時速4千km＝マッハ3・3と、ジェット戦闘機（マッハ2・5）を超える速度で走れるようになるのと同じ。しかも、いきなりこれだけのスピードアップを果たすのだ。

ファイズのこの能力は、劇中でも見事に発揮されていた。オルフェノクに対して、アクセルフォームになったファイズは何度も行ったり来たりして、すれ違いざまにパンチやキックを雨アラレと見舞ったのである。これぞフルボッコ。オルフェノクが気の毒になるほどだった。

フォームチェンジしたファイズは具体的にどれだけ速く動けるのだろうか？『平成仮面ライダー列伝』（徳間書店）によれば、平常時のファイズは100mを5・8秒で走れるという。すると、アクセルフォームで千倍速になれば0・0058秒。これすなわち時速6万2千km＝マッハ51だ。彼のバイク・オートバジンは最高時速380kmだから、バイクに乗るより走ったほうがはるかに速い【図1】！

[図1] ライダーであること、忘れないでね

ここまですごいと、ライダー《バイク乗り》としての存在意義が問われますなあ。

10秒で8620発の連続パンチ!

この能力、戦闘ではどんな威力を発揮するのだろうか。

たとえば、あるオルフェノクがプロボクサーと同じ秒速12mのパンチを放ってきたとしよう。オルフェノクの拳が動き始めると同時にファイズがダッシュし、100m先まで行って帰ってきたとしても、まだ0・0116秒しか経っていない。敵の拳はたった14㎝動いただけ! これほどのスピード差があったら、やりたい放題、攻め放題である。

右に挙げた、行ったり来たりしてオルフェノクをボコボコにしていたシーンを具体的に考えてみよう。

仮に、ファイズが10ｍの距離を往復したとしよう。５ｍ走るあいだに最高速度に達してオルフェノクを殴り、５ｍでブレーキをかけて止まったとすれば、１発殴ってから次に殴るまで、たったの０・００１１６秒。かわいそうにオルフェノクは、わずか１秒間に８６２発も殴られてしまうのだ。制限時間の10秒で８６２０発！　10秒後には挽き肉になっているんじゃないか。

耳が痛くなる

もちろんこの能力にも弱点はあって、それは何度か述べてきたように「アクセルフォームになれるのは10秒だけ」という時間制限。確かに10秒は短い。しかし、10秒間あれば８６２０発も殴れるのだから充分だろう。10秒走り続けると１７２㎞、東京から静岡まで行けてしまうし、やっぱりバイクもいらん。ここまで速いと10秒でいろいろできてしまうのだ。

むしろ筆者が心配なのは、マッハ51というスピードが速すぎて、まともに走れるだろうかということだ。地球は丸いから、走れば遠心力が発生する。マッハ23・2を超えると、遠心力が重力を上回って、自動的に体が浮いてしまう。そうなったら走れなくなるから、おそらくファイズは、マッハ51⇓マッハ23⇓マッハ51⇓マッハ23……と速度を変えながら、地面から離れない工夫をするしかないだろう。能力が高すぎるがゆえの苦労である。

さらに心配なのは、ドップラー効果。音を出すものや自分自身が運動すると、音の高さが変わる現象で、どちらも近づくと高くなり、遠ざかると低くなる。救急車のサイレンの音が有名だ。

マッハ51で走るファイズの場合、そのキツいのが起こる。これは、ファイズにとってキビシイ現象だ。

もしあなたがオルフェノクになってしまい、ファイズと戦うことになったら、これを利用しよう。つまり、あらん限りの大声で精いっぱい「やめてくれ〜！」と叫ぶのだ。全速力で殴りかかってくるファイズにとって、その声は5・7オクターブ高く聞こえる。甘いバリトンが、ピアノのいちばん右の「ド」より高音に！　しかもファイズにとって、その声はマッハ52（音速のマッハ1＋自分のマッハ51）で伝わってくるため、短い時間にエネルギーが集中し、音量も52倍！　モノスゴク耳が痛い！

本を書く速度を千倍にしたら？

もう一つ気になるのは、ファイズに変身する乾巧《いぬいたくみ》が、この能力に耐えられるのかという問題だ。

ファイズは平常、高度35ｍまでジャンプできる。身長186㎝、体重91㎏という体格でこれだけのジャンプをするには、１３００kW（F1用エンジンの2・6倍）のパワーが必要だ。普段でさえこれなのに、スピードが千倍になったら、どうなるか？

人間や機械を動かすのに必要なパワーは、速度の3乗に比例する。スピードが千倍なら、パワーは千×千×千＝10億倍。すると、アクセルフォームに求められるパワーは1兆3千億kW。全世界の発電力の５３０倍だ。

この激烈なパワーは、ファイズのベルトを開発したスマートブレイン社の技術が可能にしているのだろう。それでも乾巧が心配である。

人間が走れば暑くなり、車が走ればエンジンが熱くなるように、動物や機械が運動すると、必ず熱が発生する。人体の場合、発生する熱は運動エネルギーの3倍強。1兆3千億kWを10秒間出し続けた場合、乾巧の体温は１５００億℃に上昇してしまう。生きていられるかなあ。それでも命があるなら、敵に抱きつくだけで強烈な攻撃になると思うが。

さらに心配なのは、走り始めてスピードを上げるときである。車が急発進すると、体はシートに押しつけられるが、あれのモーレッなヤツが起きるのだ。たとえば5m走るあいだにマッハ51まで加速すると、その力は重力の３００万倍、すなわち３００万G！　スマートブレイン社の技術で体そのものは何とかなっても、頭蓋骨の中の脳を守ることができるのか。速度を千倍に上げた途端、脳は頭蓋骨の裏側にへばりつい

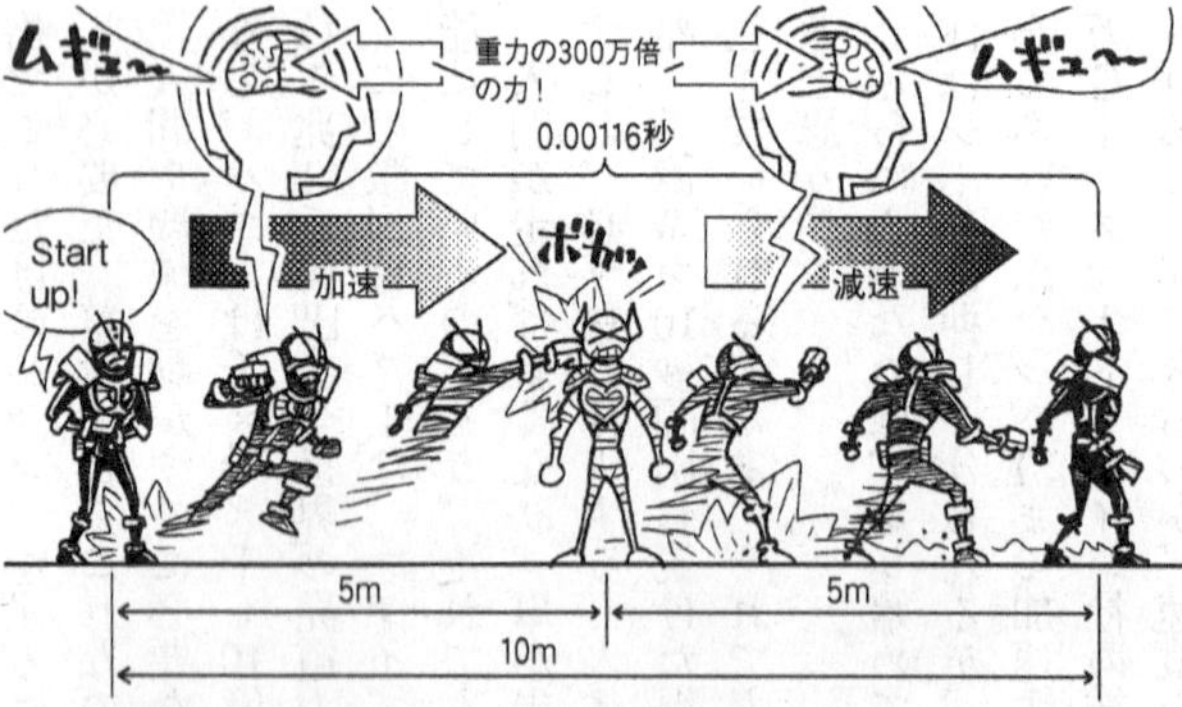

［図2］敵への効果は絶大だが、自分にもキビシイ技である

て、ばったり倒れてしまうのでは［図2］!?

やはり千倍のスピードを戦いに使うのは、キケンなのだ。そういう能力は、ぜひとも筆者に与えていただきたい。

筆者は本書の原稿を1本書くのに5時間ほどかかるが、スピードが千倍になればたったの18秒で完成するではないか！　脳へのダメージもないだろうし、これこそ理想的な千倍モードの使い方……って、あ。でも千倍の速度で書けるのは10秒だけか。すると原稿の56％が終わるだけ。残りは2時間13分をかけて地道に書くしかない。むむむのむ〜。

星のカービィは、
いわゆる「星の形」の星に住んでいるが、
いったいどんな環境なんだろう？

星のカービィは、「ポップスター」という星に住んでいるが、そこで生まれたわけではない。宇宙のあちこちを旅していたのだが、ゲーム第1作で、デデデ大王に食糧を独り占めされて困っていたプププランドの人々を助けた。それで深く感謝され、家まで建ててもらって住むことにしたらしい。意外とちゃっかりしてるな〜。

このポップスターという星は「星の形」をしている。つまり「☆」。星が星の形をしているのは、まことにごもっとも……いや、何を言う、自分。現実の星は球形だ。☆の形をした星など、聞いたことがないぞ。

ゲームの画面を見ると、ポップスターは5つのトンガリを持った星の形で、中央部が厚くて周辺部が薄く、クリスマスツリーの天辺に飾る星にそっくりだ。ゲームの設定では、のどかな草原や砂漠や広大な海があるなど、自然豊かな星だというのだが、こんなカタチをしていて、そんな自然環境が成立するのだろうか？

本稿では、ポップスターが実在したら、それはどんな星なのかを考えてみよう。

星の形をした星は珍しい！

地球や火星など岩石でできた惑星は、生まれた直後はマグマの塊《かたまり》だった。マグマは水のように低い方へ流れるので、均等にならされて球になった。木星や土星などガスでできた惑星も、ガスが重力で中心に向かって引っ張られているために、球になっている。球形をしていないのは、小さくて重力の弱い星の特徴だ。

カービィたちの活躍を見る限り、ポップスターでも地球と同じぐらいの重力が働いているようだ。なのに、平然と星の形をしているポップスター。どうやって形成されたのか、サッパリわかりません。

ゲームの画面で測定すると、星形の中心から凹んだ部分までの距離は、中心からトンガリの先端までの7割ほど。また、中央の膨らんだ部分の厚さは中心からトンガリまでの半分ぐらい。非常に平べったい星である。このような星は、星の重さが分散しているため、同じ重さの球形の星より重力が弱くなるが、ゲームやアニメを見る限り、カービィたちは地球と変わらない重力のもとで暮らしている。ポップスターがとてつもなくデカいということだろう。

星の密度が地球と同じで、中央部に地球と同じ重力が働いているとすると、中心からトンガリの先端までは、3万2千㎞。上から見た直径は6万4千㎞で、地球の5倍。厚さでさえ1万6千㎞で、地球の直径の1・25倍もある。

この大きさで星の形をしていると、表面積は8倍。いや〜、広々としていますなあ。

デデデ山はどこにある?

そんなポップスターの地上には、どんな世界が広がっているのだろう?

ポップスターには森や草原や海など、豊かな自然があるという。砂漠や雪山もあるが、気候は全体に温暖なようだ。また山もあり、デデデ山の山頂には、デデデ大王がデデデ城を築いているらしい。

そのデデデ山は、いったいどこにあるのだろう。もしかしたら星形のトンガリの一つがデデデ山なのだろうか？

だとしたら、モノスゴク高い山だ。その山頂の高さは、星形の凹んだ部分から測って９５６８㎞。おお８８４８ｍのエベレストを上回るのか、と思ったあなたは、単位をよく見よう。９５６８ｍではなくて９５６８㎞。つまりエベレストの千倍以上！

この恐るべき星で、人々はどのように暮らしているのか。

どんな形の星でも、重力は星の中心に向かって働く。地球は球形だから、どこでも同じ強さの重力が真下に働いている。しかし星形の星では、そうはいかない。平面部の真ん中では、地球と同じように真下に働くが、周辺部では地面に対して斜めに働く。また周辺部ほど中心から遠いため、重力も弱くなる。

たとえば、平面部の真ん中から一つのトンガリに向かって進んだとしよう。各地点に働く重力は、真ん中では真下に１Ｇ（地球と同じ）、５千㎞離れると真下から22度の向きに０・９２Ｇ、１万㎞地点では斜め下46度に０・５１Ｇ、２万㎞では66度に０・２４Ｇ、３万㎞では76度に０・０８Ｇ。これは、地面が水平からその角度だけ傾いているのと同じ。重力こそ弱いけど、ほとんどガケである。

さらに不思議なことがある。形としては真ん中ほど厚いのだから、見た目では周辺に向かってなだらかな下り坂になっているはず。なのに実際に行ってみると、周辺部ほどせり上がっているように感じられてしまう！

変だ変だとは思っていたが、ここまで面妖《めんよう》な星だったとは……。

住める場所はちょっとだけ

この結果、いろいろなものが中央部に集まってくる。体が球形のカービィなど、転がり落ちるかもしれないので、気をつけてもらいたい。

集まってくる「いろいろなもの」には、水も含まれる。つまり、海はポップスターの真ん中にしかない。

しかも海面は、テーブルに落とした水滴のように、真ん中がコンモリと盛り上がっているはずだ。これは、星の形にかかわらず、水は星の中心に引き寄せられて球になろうとするから。海水の量が地球と同じだとすると、海の直径は３２００㎞、高さは１６０㎞！　つまりポップスターには、この奇々怪々な海が星の表と裏に一つずつあり、他に海はまったくない。この二つの海に交流はないから、そこに棲む生物たちは、それぞれ独自の進化を遂げているのではないだろうか。

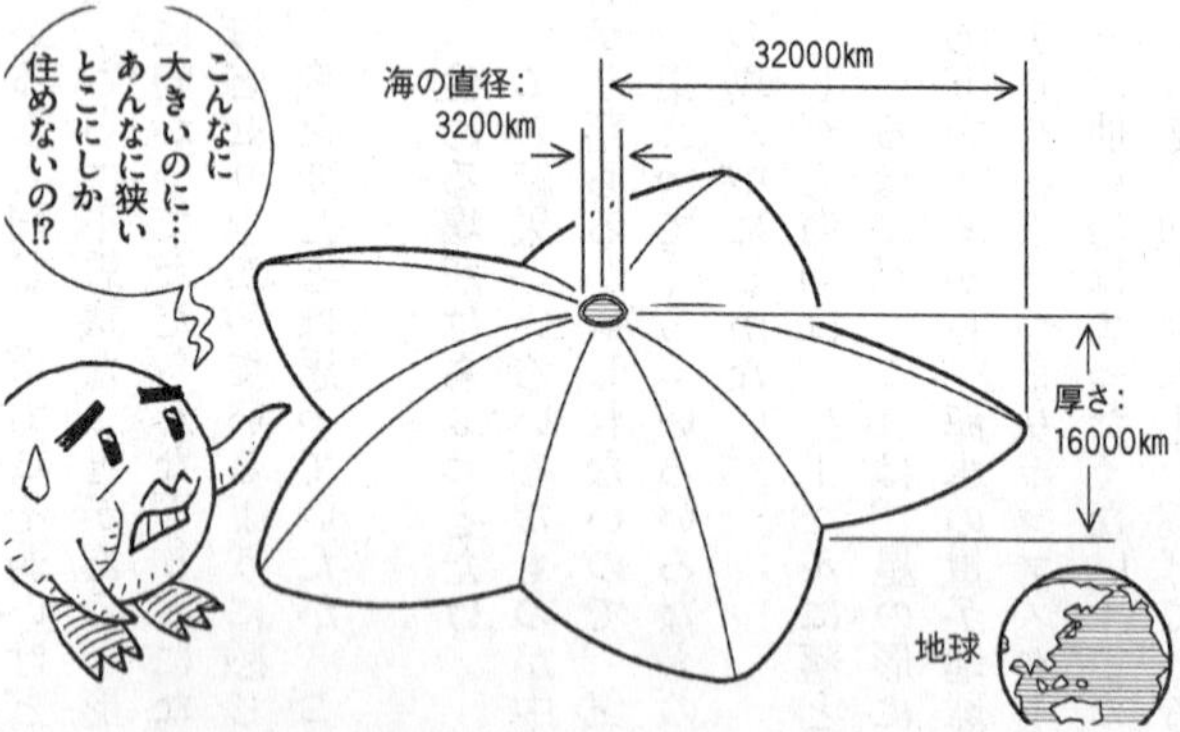

［図１］生物が住めるのは、中心部の海と空気のあるところだけ

そして、空気も重力に引かれて球になろうとするから、海を覆うように存在する。地球では標高5千mほどまで人が住んでいるが、ポップスターの陸地で、それ以上の濃さの空気があるのは、海の周囲の幅25kmのドーナツ型の部分だけである【図1】。

ポップスターの人たちにも空気が必要なら、暮らせるのはその部分だけ。カービィが得意とする「すいこみ」にも空気が必要だから、すいこみができるのもその部分だけ。地球の8倍もの表面積を持ちながら、居住可能&すいこみ可能面積は、星全体のわずか0・012%。まことに狭い！

う〜ん、星の形をした星とは、考えれば考えるほど不思議なのである。

『モンスターストライク』では、
自分のモンスターを敵にぶつける。
それ、ちょっと気の毒では!?

『ウルトラセブン』では、正義の怪獣ウィンダムやミクラスが小さくなって、カプセルのなかに入っていた。『ポケットモンスター』でも、つかまえたポケモンはモンスターボールに収納される。パワーのありすぎる怪獣やモンスターを野放しにしておくとキケンだから、何かに収納するのはまあ当然……とは思うものの、ちょっと気の毒だよなあ。

などと感じていたところに『モンスターストライク』である。モンスターの入った透明なボールをぶつけることで、敵を撃破していくアプリゲームだ。これには驚いた。モンスターをボールに押し込めるだけではなく、それを飛ばして相手にぶつける！ ちょっとひどくない!?

これは、「引っ張りゲー」などと呼ばれるアクションゲームの一種である。『モンスト』の場合、タッチパネルの上で、飛ばしたい方向と逆向きに指を滑らせて離すと、ボールは飛んでいく。

モンスターには「反射型」と「貫通型」の2タイプがあって、反射型は敵にぶつかると跳ね返り、貫通型は敵の体を通り抜ける。どちらも、そのたびに敵にダメージを与える。また味方のモンスターに当てても、激しい爆発などが起こり、敵に大ダメージを与えることができる。壁にぶつかったら、跳ね返る。

これらを利用してステージを進めていくのだが、いくつかをクリアすると勝利となり、4体のモンスターたちはピョンピョン飛び上がって喜ぶ。こっちも嬉しくなって、まことにキモチがイイ！

いやいや、嬉しがっている場合ではなかった。モンスターたちは、ゴールドやアイテムや「強化合成」で強くしていくことができる。つまり『モンスト』は、戦いのなかでモンスターたちを育てていくゲームでもあるのだ。大切に育てたモンスターを敵にぶつけるなんて、いくらなんでもかわいそうではないのかッ!?

ぶつかるスピードは相当速い！

この問題を考えるために、筆者は仕方なく『モンスト』をやってみたところ……、5分、10分、30分、1時間。気がつけばあたりは暗くなっていて、編集部から「原稿はできましたか」という催促のメールが届いていた。うわーっ、つい夢中になって、延々とやってしまった。

こんなことではいかんと誘惑を振り払い、ゲームの「モンスター図鑑」を見ると、ややっ、スピードの欄に「時速84・13㎞」や「時速86・53㎞」などと書いてある。なかには「時速201・10㎞」とか「時速311・53㎞」なんて超高速のヒトタチまで！

これはおそらく、敵にぶつかるスピードであろう。大相撲の力士が立ち合いでぶつかる速度ですら時速10㎞だから、これはかなり速い。

こんなスピードでぶつかったら、モンスターたちは大変な衝撃を受けるだろう。そのショックの大きさは、モンスターたちの体重によっても変わってくる。人間は高さ1ｍぐらいから落ちたら大ケガをすることもあるが、同じ高さからカブトムシやカナブンを落としても平気だ。落とす高さが同じなら、地面にぶつかる速度も同じだが、体重が重いほど、受けるダメージは大きくなるのだ。

モンスターたちの大きさは公表されていないようなので、ゲームの画面から割り出してみよう。測定のしやすさを考えて、取得したモンスターのなかで、比較的スピードの遅いNo.１３５「ブルーリドラ」を選んでみる。そのスピードは時速81・００㎞。遅いとはいえ、高速道路をかっ飛ばす速度である。

ブルーリドラをフィールドの端から、長い上下の辺に沿って発射してみると、０・６６秒で反対側にぶつかった。ここから、フィールドの縦は16・２ｍと推定される。そして、これと比較すると、ブルーリドラが入ったボールの直径は１・３４ｍ。運動会の「大玉転がし」競技の大玉くらいの大きさということだ。

この大きなボールのなかに、首長竜のような体形をしたブルーリドラが、体を丸めてぎゅうぎゅう詰めに入っているわけである。ボール内の空間の70％をブルーリドラの体が占めると仮定すれば、体重は８８０㎏。結構な重量である。

体重８８０kgの生物が時速81㎞でぶつかるときに受けるダメージを計算したところ、体重70kgの成人男性がなんと高度１４０ｍから落ちたのと同じ……という悲惨な結果になった。

うーむ、思った以上の衝撃だ。モンスターたちは、ゲームのなかで何度も何度もそういう目に遭っているということか。筆者なんて今日だけで何百回もそういう目に遭わせてしまったが……。

完全弾性衝突が起こってる!?

などと、神妙な顔でモンスターたちに同情しながらも、さらにゲームを続けてしまったワタシ。われながら意志薄弱でありますが、でも、おかげで科学的に興味深い発見をしましたぞ。

ボールは、壁にぶつかったときは、ほとんどスピードを落とさずに跳ね返るのだ。これは「完全弾性衝突《かんぜんだんせいしょうとつ》」に近いことが起こっている！

通常、物体が壁などにぶつかると、跳ね返るスピードは、ぶつかる前よりも遅くなる。そのときの遅くなる割合が「反発係数《はんぱつけいすう》」だ。たとえば、時速１００㎞でぶつかったものが時速80㎞で跳ね返ったら、反発係数は０・８になる**【図１】**。

完全弾性衝突とは「反発係数が１の衝突」のことで、現実には起こらない。

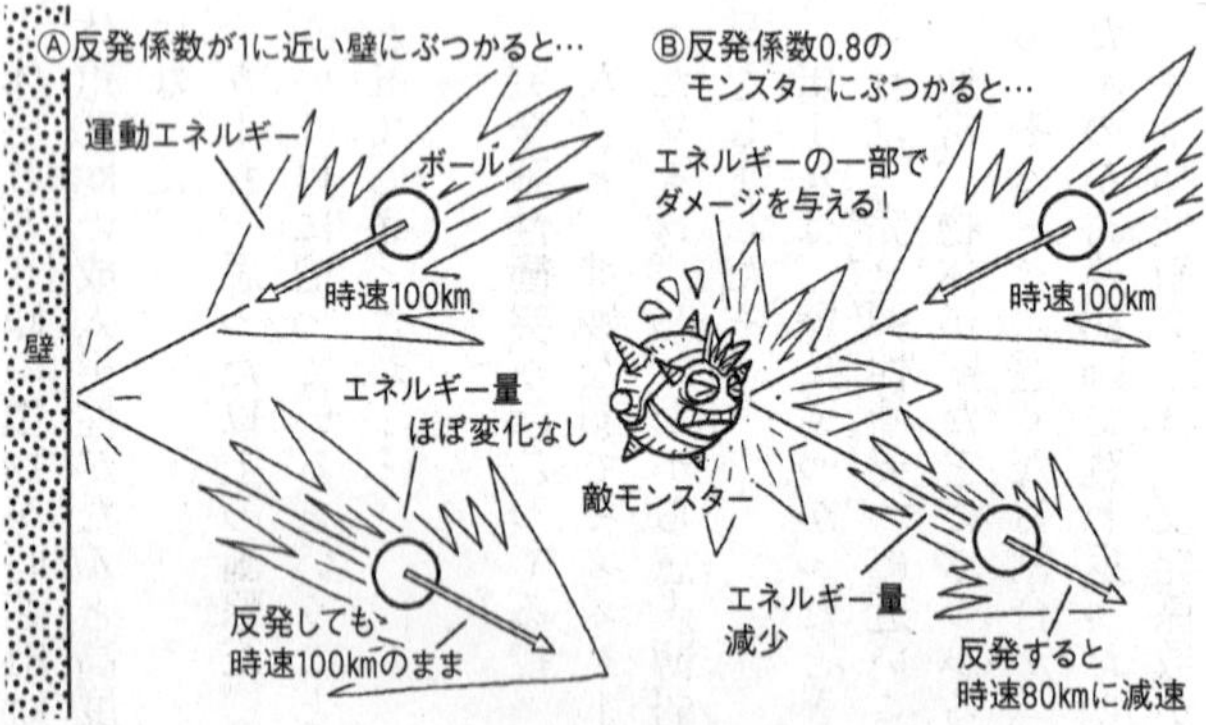

［図1］モンスターの跳ね返る速度は、「反発係数」によって変わる

たとえば、1mの高さからボールを落とすと、ボールは時速16kmで床にぶつかる。ここでもし反発係数が1だったら、ボールは時速16kmで跳ね返って、高さ1mまで飛び上がり、そこから落下してまた時速16kmで床にぶつかってまた高さ1mまで跳ね返り……。これを繰り返して、1年経っても、100年経っても、この世からゲームがなくなる日が来ても、1mの高さまでポンポン跳ね返り続ける……ありえないわけですね、こういうことは。

実際には、衝突する場合、反発係数は1より小さくなる。これは「ぶつかった衝撃でエネルギーが失われるから」だ。失われたエネルギーは、音や熱に変わったり、物体の破壊に使われたりする。生き物の場合は、体へのダメージになる。

すると、『モンスト』のボールと壁の衝突

において、反発係数が1に近いとしたら？　その場合、ほとんどエネルギーは失われないことになり、モンスターたちのダメージもわずかで済む。

ドンドンぶつけて大丈夫！

ダメージが少ないのはめでたいが、すると心配にもなる。衝突でエネルギーが失われないとしたら、敵にもダメージを与えられないのでは？

そこで画面を見ると、おお、大丈夫そうではないですか。モンスターの入ったボールは、壁に当たったときは、ほぼ同じ速度で跳ね返るが、敵にぶつかったときは、スピードが遅くなる。

これは不思議なことではない。たとえば、ビー玉同士をぶつけると、反発係数1に近い衝突が起こるが、ビー玉をつきたてのモチにぶつけると、くっついてしまう。この場合は、跳ね返る速度がゼロなので、反発係数も0ということになる。反発係数は「何と何がぶつかるか」によって変わるのだ。

反発係数が1に近くなるのは、ビー玉やビリヤードのボールのように硬くて変形しないもの同士や、スーパーボールのように変形してもすぐ元に戻る弾力性豊かなもの同士がぶつかった場合だ。逆にモチや粘土のように柔らかいもの同士や、ぶつかってどちらかが壊れる場合は、反発係数が0に近くなる。

モンスターたちの入ったボールが、壁にぶつかる反発係数が1に近いということは、壁も、ボールも、内部のモンスターたちも、硬くて変形しないか、弾力性豊かなのだろう。そのボールが敵にぶつかったときだけ、反発係数が小さくなるということは、敵の体は柔らかいか、衝突の衝撃で破壊されると考えられる。だとすれば、ダメージを受けるのは敵だけ！

なんとスバラシイ！　つまり『モンスト』では、モンスターたちの安否を気にせず、ドンドンぶつけていいということだ。科学的にもナットクできるゲームですなあ。

よし、そういうことなら、今夜あたり心ゆくまで『モンスト』を……いやいや、仕事が溜まっているのだった。皆さんもゲームのやりすぎには、注意しましょう。

『おそ松さん』の十四松。
やることが人間離れしているけど、
ホントに人間なのだろうか!?

『おそ松さん』の六つ子のなかでも、インパクト大なのは十四松だ。「ズバ抜けて明るく野球好き」と書くと、とても健全なヒトのように思えるが、いやいや、そういうレベルは遥かに超越している。もはや人間かどうか、疑わしい。

ここではアニメ第一期から、十四松の行為のなかでもとくに印象的な三つを見てみよう。すなわち「ドブ川バタフライ」と「顔で水芸」と「分裂」。これらについては「いったいどうなってんの⁉」という質問が、ホントにたくさん寄せられる。

ドブ川の怪物だー!

「人間かどうか疑わしい」と書いたが、十四松は松野家の六つ子の五男。おそらく彼らは一卵性の六つ子であろうから、遺伝子は全員同じ。他の5人が人間だとしたら、十四松も間違いなく人間ということになる。遺伝学の観点からは。

でも、彼があまりにも人間離れしているのも確かだ。その典型的な例が、ドブ川のバタフライである。

十四松は「ああああああああ！　おおおおおおおおおお！」と雄叫《おたけ》びをあげながら、しばしばドブ川をバタフライで泳ぐ。何の目的でそんなことをしているのかナゾなのだが、注目すべきはそのスピード。もう尋常ではない。

第1期アニメ「おそ松の憂鬱」では、画面の描写から11・7mとみられる距離を

0・75秒で通過した。このスピードを100mのタイムに換算すると6秒41。男子100mバタフライの世界記録はマイケル・フェルプスの49秒82だから、十四松は「水の怪物」と恐れられたフェルプスの8倍も速いことになる。

いや、それどころか、陸上100m走の世界記録9秒58のウサイン・ボルトをも凌駕する。ドブ川の怪物だー。

通常バタフライは、両腕を水に入れると同時に頭を沈め、水を掻きながら体を波打たせて水面を蹴り、腕と顔を上げる。しかし十四松は、顔を水面上に出したまま泳いでいる。よほど体が柔軟でないと不可能な泳法だ。

フェルプスが速いのも、手足の長さと関節の柔らかさの賜物《たまもの》といわれているが、そういえば十四松は普段から、まるで骨がないかのように手足や胴体をクネクネさせている。これが驚異の柔軟性を生み、すごい泳法とタイムを叩き出している……のか？

毎秒7Lの水を噴く

もう一つ気になるのが、十四松の「水芸」である。

十四松は、鼻と耳と頭頂の5ヵ所から、水をしゅばばば〜っと噴水のように噴き出す。どうやって出しているのか、さんざん考えたけど、うーん、これも超難題……。

たとえば普通の人間が流す「涙」は血液から作られる。涙腺のなかの毛細血管から、水分だけがにじみ出てくるのだ。同じような機構が、十四松の鼻や耳や頭頂部にあれば……とも思うが、だとすると気になるのは、噴射する水の量である。

劇中の描写から、頭頂からの噴出量を測定してみよう。

十四松の顔と比べると、水は20㎝ほど上昇しており、ここから水は秒速2ｍで噴射されていることがわかる。その水柱の直径は3㎝ほどと見られる。

すると、頭頂だけで毎秒1・4Lの水が噴き上がっていることになる。鼻と耳からの噴射量も同じだとすると、毎秒7L！

人間が体からこんなに大量の水を排出して大丈夫なのだろうか。

「恋する十四松」では、女の子とデートしたとき、5回連続で18・2秒にわたって水を噴き出した。十四松は直前にコップ1杯の水を飲んではいたものの、噴出した水の総量を計算すると、なんと127L。重さにして127㎏であり、明らかに十四松の体重を超えている！

死なないのか？　これでも死なないのか、十四松!?


何人に分裂したのだろう？

分裂したのは「風邪ひいた」においてだ。六つ子が風邪を引き、治った者が他の5人を看病してはぶり返し、寝込むのを繰り返す。

最後に治った十四松は「おりゃあ！　おりゃあ！　さあ行くぞ！　さあ行くぞ！　さあ行くぞ！　分裂ーっ！」と叫ぶや、空中で後方回転して３人に分裂した！　再び後方回転して９人に分裂！　これを繰り返してだんだん小さくなり、最後は無数の微小な十四松が５人の体に入り、ウイルスを殴る蹴るして、全員を全快させたのだった。

なぜこんなことができるのか、もうまったくわかりません。わかるはずがない。原理を考えるのはとっととあきらめて、十四松がどれほどの大きさに、そして何人になったのかを考えよう。

十四松が蹴っていたウイルスに、球形をしたものがあった。これはおそらく風邪のウイルスとしてもっともポピュラーなアデノウイルス。直径は10万分の８㎜だ。

微小化した十四松の身長は、その４倍くらいだった。これは電子顕微鏡でやっと見える大きさで、普段の十四松の身長を１７０㎝とすると、５３０万分の１に縮小したことになる。すると体重は「５３０万分の１」の３乗で、１垓《がい》５千京《けい》分の１になったはず。十四松にも「質量保存の法則」が有効だとしたら（人間である以上、有効であってほしい）、人数は１垓５千京人になったはずである【図１】。

算用数字で書けば１５００００００００００００００００００００人！　これほどに分裂するには、気の遠くなる回数がかかるのでは……と思うけど、３倍を43回繰り返

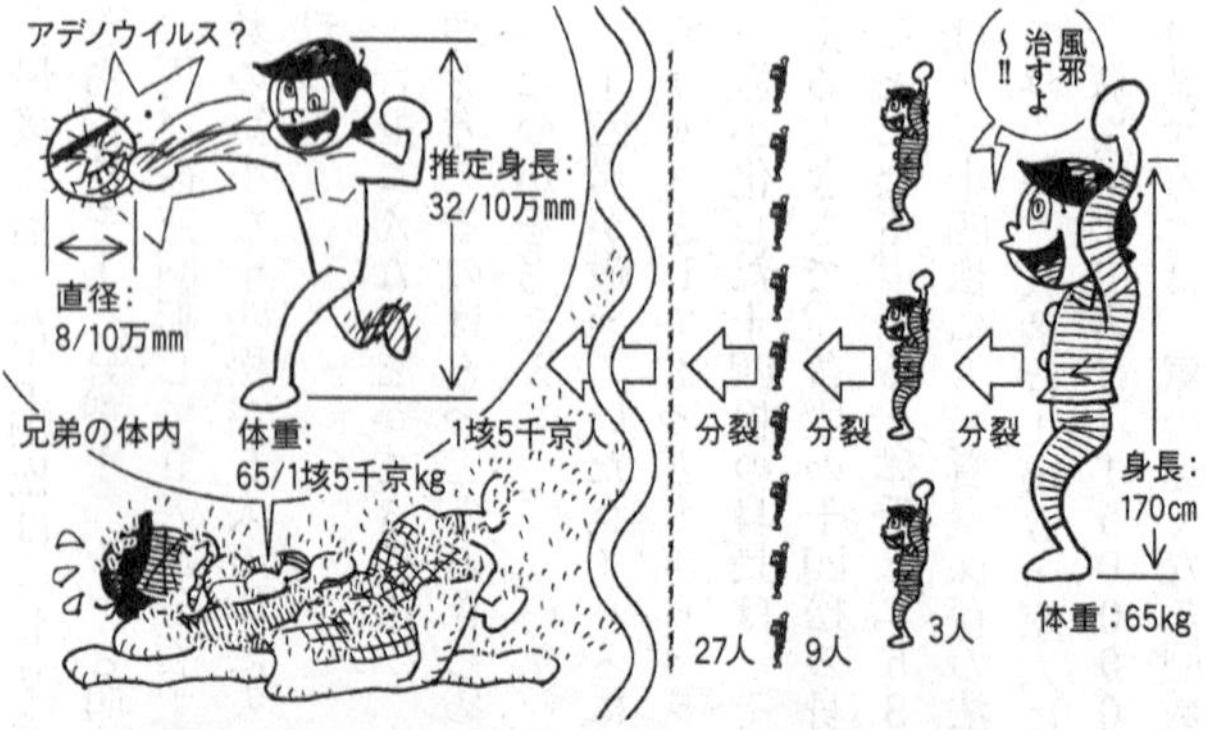

［図1］1垓5千京人に分裂すれば、ウイルスにも勝てるかも

すと、3垓3千京倍になる。つまり、たった43回の分裂でそこまでに増えるのだ。

こうして、5人の体に3千京人ずつの十四松が入ったわけである。しかし、これでウイルスに勝てるのだろうか？

風邪を引いたとき、ウイルスが体内で何個ぐらいに増殖するか、筆者にはその知識がない。だが、確実にいえることがある。十四松の普段の体重を65kgとすると、1人の体に入った3千京人の十四松の総体重は、13kgにもなるはずだ。ウイルスがそんな重量にまで増殖するはずはないから、間違いなく十四松軍団の圧勝！ はい、治りました。ばんざーい！ ばんざーい！

実にすごい男だ、松野十四松！ しかし、考えれば考えるほど、やっぱり人間ではないような気がしてきますなあ。

『進撃の巨人』に登場する立体機動装置。
あれがあれば、実際に巨人を倒せるのか？

『進撃の巨人』において、希望の光は立体機動装置である！　人間が巨人に対抗するために、なくてはならない兵器。兵士たちのベルトの両側に装着され、銛《もり》のついたワイヤーを発射し、木々や壁や巨人の体に突き刺す。そしてワイヤーを巻き取りながら、巨人たちに空中から肉薄。超硬質スチール製の半刃刀身《はんばとうしん》で、巨人の弱点であるうなじの肉を削《そ》ぎ落とす！

まことにかっこいい。これが実在するなら、筆者もぜひ使ってみたいと思うが、実際にミカサやリヴァイ兵士長のように、空中を自由自在に飛び回り、巨人を倒すことはできるのだろうか？　自分が操るつもりでこの兵器をシミュレーションしてみよう。

筆者にも使いこなせるか？

ミカサたちは、腰の両側の立体機動装置を巧みに駆使するが、筆者は初心者である。装置の特性を明らかにするためにも、シンプルな条件で戦わせていただきたい。

15m級巨人が現れた！「むぅ。あれが巨人か……」その威容に気圧《けお》されながらも、筆者は死んでいった仲間たちに想いを捧げ……え？　そんな小芝居はいいから、検証しろ？　へえ、すんまへん。

「巨人と戦うときは、背後から」が鉄則なので、筆者も巨人の背後に回り込む。そして高さ14mの建物の屋根に登り、巨人の頭部に向けて水平に立体機動装置のワイヤー

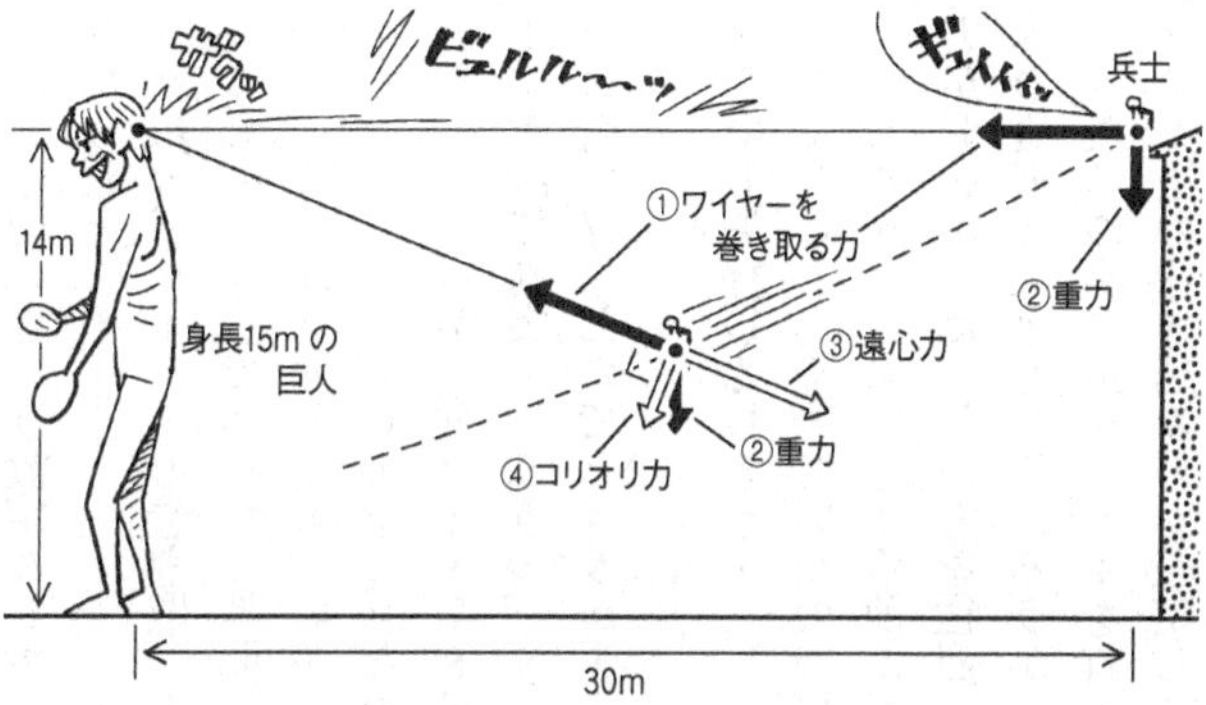

[図１] ワイヤーを巻き取りながら巨人に肉薄するときの複雑な動き

を打ち込んだ。巨人までの距離は30ｍであったが、見事に命中！　したことにする。よっしゃ〜、あとはワイヤーを巻き取って巨人に接近し、うなじの肉を削ぎ落とすだけだ。

と文章で書くのは簡単だが、ワイヤーを巻き取り始めた筆者の動きは、意外に複雑な動きをする。この運動では**[図1]**のように、4つもの力が働くからだ。それは、①ワイヤーを巻き取る力、②重力、③遠心力、④コリオリ力である。

④のコリオリ力は、回転する物体に働く力で、この場合はワイヤーが短くなるために回転速度を上げる力として働く。フィギュアスケートで、手足を広げて緩くスピンしていた選手が、手足を体に引きつけると回転が速くなるアレである。

さて、ワイヤーを巻き取る力が、筆者自身

の体重と同じという設定にして、４つの力を受ける筆者の動きをコンピュータで計算してみたところ――。

ぬわっ、ワイヤーの巻き取りが始まって１・８７秒後、筆者は巨人の手前15ｍ、悲しくも中間地点であえなく地面にビターンと激突！　ぶつかる速度は時速78㎞！

こ、これは、死ぬかも。いや、確実に死にました。

でも幸いシミュレーションなので、巻き取る力を体重の2倍に変えて、再度挑戦しよう。ところが今度は１・７８秒後、目標物の地上１・６ｍすなわち巨人の足に時速１１１㎞で衝突！　ううっ、やっぱり死んだ。リ、リヴァイ兵士長、自分は巨人殲滅《せんめつ》のお役に立てたのでしょうか……。

空中で失神してしまう！

こんなことをやっていたのでは、命がいくつあっても足りない。

巨人のうなじに接近する前に地面や足に激突してしまうのは、ワイヤーを巻き取る力が弱いからだ。その力を猛烈に強くすれば、必ずやうなじに到達できるはずだ。体への負担は大きくなるだろうが、もはやそんなことを言ってる場合ではない。

うなじの高さがワイヤーを打ち込む点より1ｍ低い13ｍと考え、ここに到達できるワイヤーの巻き込み力を設定して、いざ立体機動装置スイッチオン！

すると、ぬわっ。筆者の体には、体重の17・5倍がかかった。筆者の体重は75kgだから1・3t。ワイヤーが引っ張る力は、ロープで足にかかるようになっているが、乗用車を持ち上げて立っていられる力がなければ、空中でまともな姿勢は保てないということだ。

しかも人間は、体重の10倍以上の力を受けると失神する。これは脳から血液が不足したり、集まりすぎたりするために起こる現象で、訓練しても限界を大きく伸ばすことはできない。当然、訓練などしていない筆者は空中で失神するだろう。気を失ったまま突っ込んで、時速366kmで巨人のうなじにビタタターンと大衝突！　半刃刀身の向きがよければ巨人のうなじは破壊できるかもしれないが、筆者自身も間違いなくオダブツでしょうなあ……。

エレンがやるとどうなる？

非常に使い勝手が悪そうな装置だが、これは静止した状態からワイヤーを巻き取るという単純な条件から生まれたシミュレーションだ。筆者のようなシロウトが、機械の力だけに頼るとこうなるという話であって、運用にあたっては高度な技術が必要なのだと思われる。

その点、エレンたちは訓練兵団で3年にわたる厳しい訓練を受けているのだから、筆者などよりはるかにうまく使いこなせるに違いない。

そこで、筆者はもう夢をあきらめて見学にまわり、エレンにやってもらおう。もちろんこれも、単純な設定だが、たとえば真上にジャンプすると同時にワイヤーを巻き取ったら、どうなるのか。エレンが垂直跳びで70㎝跳べると仮定しよう。ジャンプすると同時に巻き取りをスタートした場合、うなじに達するための力は……うむっ、体重の7・1倍。これなら失神しない。

建物を蹴って跳び出したエレンは滑らかなカーブを描いて巨人に迫り、高さ13mのうなじに到達する！　立体機動装置の力に兵士たちの技術が加われば、ミカサやリヴァイのような迫力ある行動も可能になるということである。すごいな。

ワイヤーの巻き取りにジャンプを加えるだけで、これほど結果が変わるのは、4つもの力が働くため、初めのわずかな条件の違いが、軌道を大きく変えるということだ。科学的にもまことに興味深い。

そして、実際にこの複雑な運動を制御して、巨人に迫るには、確かに3年くらいの厳しい訓練が必要かも。この点も深々とナットクできる立体機動装置なのだった。

『暗殺教室』の殺せんせーの
「マッハ20」がどれほどすごい能力か、
科学的に考えてみたい。

連載が終わって心から寂しく感じた作品といえば、ここ数年では『暗殺教室』である。なんとも刺激的なタイトルの作品で、最初はいったいどうなることかと思ったが、予想を裏切るハートフルな学園ドラマだった。

先生と生徒たちの交流は「先生の暗殺」という、なんとも変わった接点で行われたが、生徒たちはしっかり成長していった。心温まるエピソードも多くて……。

いつまでもジーンとしていないで、物語を振り返ろう。

『暗殺教室』の幕開けは、衝撃的だった。ニュースは伝える。「月が!! 爆発して7割方蒸発しました!」。

その直後、椚ヶ丘《くぬぎがおか》中学校3年E組に、謎の生命体がやってきて「私が月を爆《や》った犯人です」「来年には地球も爆る予定です」「君たちの担任になったのでどうぞよろしく」と挨拶した。この生命体は、自分に地球を破壊する力があることを示すために、月を破壊してみせたらしい。

地球の破壊を宣言した生命体に対し、各国政府は攻撃を試みるが、弾丸を撃ち込んでも体内で溶かしてしまうし、マッハ20の速度で移動できるから、戦闘機（マッハ2・5）も、滞空ミサイル（マッハ3）も通用しない。その状況に対し、生命体は「このままでは面白くない」と考え、3年E組の担任となって、生徒たちに自分を暗殺するチャンスを与えることにしたのだった。

それでも暗殺はうまくいかず、生徒たちは「殺せない先生」という意味で「殺《ころ》せんせー」と呼ぶようになった。殺せんせーは、ときに厳しく、ときに優しく、暗殺の手ほどきをしながら生徒たちと心を通わせていく……。

注目したいのは、殺せんせーの移動速度が「マッハ20」だったこと。これがどれほどすごい能力なのか、科学的な観点から考えてみよう。

月が蒸発するとどうなる？

と書いておきながら、すみません、筆者には科学的に気になってたまらない問題があるので、最初にそっちを考えていいですか。それは、マンガの冒頭に示された「月が爆発して、7割方蒸発」したという現象だ。

マンガのコマを見ると、月には巨大な球面状の穴が開き、立体的な三日月の形になっている。爆発して蒸発した結果こうなったとしたら、その爆発は月の中心をやや外れたところで起きたのだろう。月の7割を蒸発させるエネルギーとは、ビキニ水爆40兆発分！　地球そのものを破壊することはできないが、地球を生物の暮らせない不毛の惑星に変えられる。脅しの効果は充分だ。

だが「脅し」とは、怖がらせるのが目的で、実際の被害は出さないのが通常である。殺せんせーの暴挙によって、地球に実害は出ないのか？

いちばん大きく影響されるのは潮の満ち引きだ。地球の潮の満ち引きは、その3分の2が月の重力、3分の1が太陽の重力の影響だから、月が現在の3割になったら、潮の満ち引きの高低差が現在の半分ほどに減るはずだ。これによって、かろうじて残っている干潟《ひがた》の面積は半分になる。また、瀬戸内海などの内海では、海水の出入りが半分になり、その結果、海が汚れやすくなって、おいしいカキも、タイも、カタクチイワシも取れなくなるだろう。なんてことしてくれたんだ、殺せんせー！

マッハ20とはどれほど速い？

……と、ずっと気になっていたことを書きました。おつき合い、ありがとうございます。で、ここからが本題。殺せんせーの最大の脅威は「マッハ20」というスピードだったが、これはそもそもどういう速度なのか。

音速は気温が上がるほど速くなり、地球の平均気温に近い15℃のとき、秒速340m。するとマッハ20とは、秒速340m×20＝秒速6800m＝時速2万4500km。東海道新幹線の86倍、ジェット旅客機の29倍、ライフル弾の7倍！

この猛烈なスピードを活かして、殺せんせーは悠々自適の教師ライフを送っていた。朝のホームルームの前にはハワイで英字新聞と飲み物を買ってきて、昼休みは中国の四川《しせん》に麻婆豆腐を食べにいき、放課後にはニューヨークで大リーグ観戦。椚ヶ丘中

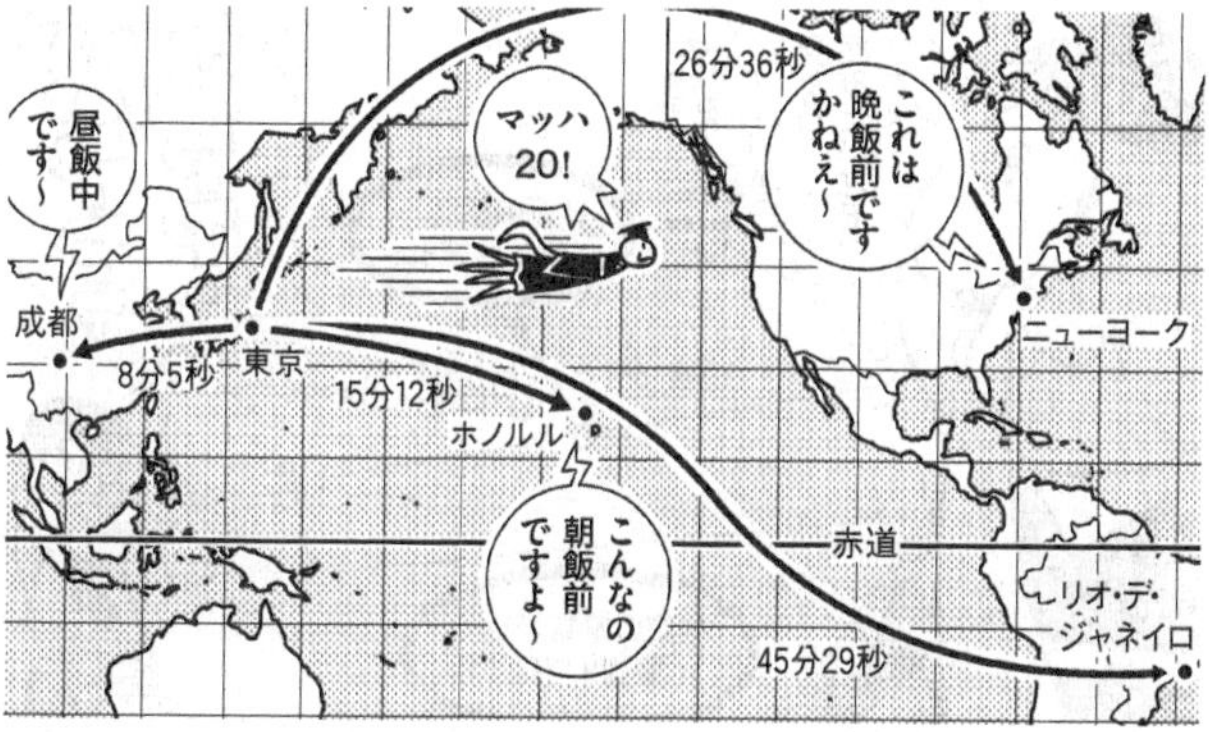

［図1］マッハ20の行動力はすさまじい

学が東京にあるとすれば、各地までの所用時間は、ホノルルまで15分12秒、四川省の成都まで8分5秒、ニューヨークまで26分36秒、地球の裏側のリオ・デ・ジャネイロさえも45分29秒**［図1］**！　殺せんせーにとっては、この広大な地球は庭みたいなものなのだ。

周囲の動きがスローに見える

こんな殺せんせーにとって、生徒たちの攻撃はどれほどの効果があるのだろうか。

マッハ20とは、100mを0秒0147で駆け抜けるスピードだ。一般人なら15秒ほどかかるから、殺せんせーは人間の千倍も速いということだ。すると、他の動作のスピードも千倍、それに必要な反射神経や思考速度も千倍と考えるべきだろう。殺せんせーにとって、生徒たちの攻撃はスローモーションのよ

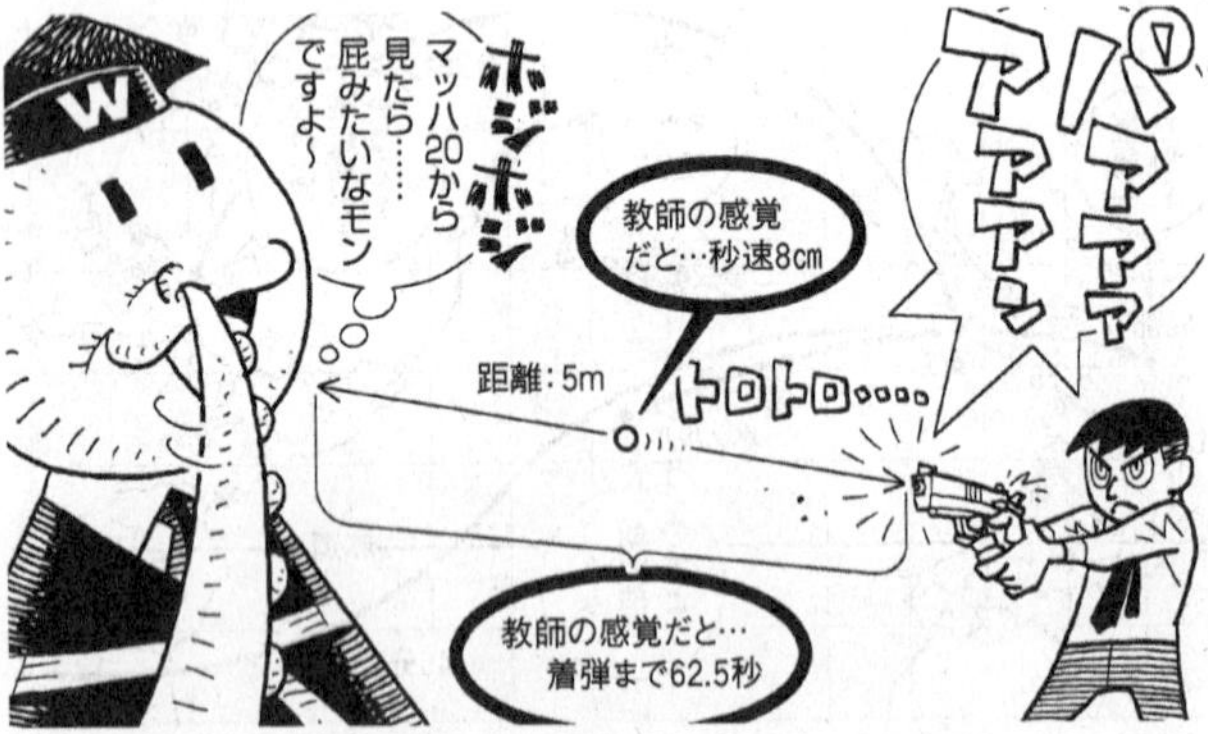

［図2］教師にとっては、当たるまでに1分以上（という感覚）！

うに見えるはずだ。

たとえば生徒たちは、殺せんせーの細胞を破壊できるナイフやBB弾を渡されていた。エアガンの発射速度は、秒速80mほどだから、BB弾も同じだとしたら、殺せんせーには秒速8cmに見える！　生徒たちは、朝のホームルームで先生に向けて一斉射撃を行っていたが、生徒たちとの平均距離を5mとすると、殺せんせーには62・5秒もかかって飛んでくるように感じられるのだ。なんと1分以上。軽く準備運動してから避けても、余裕で間に合う【図2】。

また、殺せんせーは赤羽業《カルマ》という生徒に、その驚異のスピードを見せつけた。殺せんせーは授業中の暗殺を禁止していたが、業はそれを破り、黒板に向かっている先生に、いちばん後ろの席からエアガンを向ける。引き金を引こうとした業の右手には、いつの間にか殺せんせーの触手がまとわりつき、指が押さえられていた。

殺せんせーは何事もなかったかのように振り向いて「……となります。ああカルマ君、銃を抜いてから撃つまでが遅すぎますよ」。そして「ヒマだったのでネイルアートを入れときました」。見ると、業の左手の爪には、手の込んだネイルアートが施されていた。

これはスゴイ！　人間が何かをしようと決めてから、実際に行動を起こすまで最短で0・1秒かかるといわれている。業も「撃つぞ」と決めてから引き金を引くまでの0・1秒を狙われたのだろう。しかし、殺せんせーにはそれが千倍の100秒に感じられる。それだけの時間があったら、指を抑えることなど簡単で、ゆっくりネイルアートを施す時間も……うーん、これはあるかなあ？

そこで調べると、ネイルアートには普通1時間ぐらいかかるという。1時間は3600秒だから、0・1秒の3万6千倍。千倍の動きでは、これはちょっと難しいかもしれません。

どうしたら暗殺できるのか？

連載中、筆者もどうすれば殺せんせーを暗殺できるか、いろいろ考えてみた。

頼りになるのは、殺せんせーの細胞を破壊するBB弾だ。これを、エアガンで打つなどという生易しい殺《や》り方ではなく、教室の天井から豪雨のように落としたら……？

計算してみると、ああっ、ダメだ！　殺せんせーの頭上1mから落とした場合、BB弾が先生の頭に触れるまで0・45秒。人間の千倍も速い殺せんせーの感覚では、BB弾の落下は450秒＝7分30秒もかかるノンビリした現象なのだ。落ちてくるのに気づいてからトイレに行って帰ってきても、まだ逃げる余裕がある！

それなら、この宇宙でいちばん速い光、しかも破壊力を持つレーザー光線を浴びせたら？　その速さは、空気中の音速をもとにするとマッハ88万というものすごさだ。

……しかし、これも難しいかも。人間には、行動を起こすまでの0・1秒がある。秒速6800mで動ける殺せんせーは、その間に680mも迫ってくる。つまり、それ以上離れた場所から撃たなければ指を抑えられてしまうわけで、でもそんなに遠いところからは、こっちの狙いが定まらない！

こんなふうに『暗殺教室』には、自分だったらどうするか……と考える楽しみもあったのだ。そして、なんといってもまことに面白く、素敵なマンガであった。ずっと続いてほしかったなあ。

『眠りの森の美女』のお姫さまは、
針で刺したら眠ったけど、
そんなにすぐ効くツボがあるの？

ヨーロッパに伝わる昔話『La Belle au bois dormant《ラベルオボワドルマン》』は、日本ではさまざまなタイトルに訳されている。『眠り姫』『いばら姫』『野ばら姫』『眠りの森の美女』『眠れる森の美女』。最後の2つのタイトルだと「寝てるのは、姫なの？　森なの？」とツッコミを入れたくなるが、前掲の原題をフランス語のできる友人に直訳してもらったところ「眠っている森の美女」。わーお、そのままである。

このお話は何百年も前から伝えられてきたというから、これまでに多くの人が疑問を抱いてきたに違いない。このお姫さまは、なぜ100年も寝てしまったの？　そんなに寝ちゃって大丈夫？

この問題を考えるにあたって、『野ばら姫』『眠りの森の美女』など数冊の本を読んでみると、その前半はこんなお話である。

ある国に王女が生まれ、お祝いに12人の魔女が招かれた。その国には13人の魔女がいたが、金の皿が12枚しかなかったため、1人は呼ばれなかったのだ。

魔女たちが1人ずつ「美徳」「美しさ」「富」などを姫に贈っているとき、呼ばれていない13人目の魔女が現れ、「この姫は15歳になると、糸車の針が刺さって死ぬ」と呪いをかけて去る。直後に12人目の魔女が「死ぬのではなく100年のあいだ眠り続ける」と呪いを和らげてくれた。王は国中の糸車を集めて燃やし、それから15年の月日が流れた。

15歳になった日、姫は両親が留守のあいだに城を見てまわり、塔の小部屋で老婆が糸を紡いでいるのを見た。その老婆こそ、13人目の魔女。珍しがって近づいた姫は、指を針に刺されて、眠ってしまう……。

このお話の元凶は、金の皿が12枚しかなかったことである。西洋の食器は6枚一セットのことが多いから、もう1枚増やそうと思ったら18枚にならざるを得ず、王妃さまは「そんなにはいらないわ」と思われたのかもしれない。うーむ、せっかくの倹約精神が仇《あだ》となったか！

勝手な推測を書き散らしている場合ではない。指を刺されただけでパッタリ眠る。そんなことがあり得るのかどうか考えてみよう。

眠りのツボはある？

中国医学では、人間の体内を「経脈《けいみゃく》」と「絡脈《らくみゃく》」が走り、体を調節していると考えられている。それらが皮膚の近くを通る部分が「経穴《けいけつ》」で、日本語ではツボと呼ばれる。西洋医学でも、ツボへの適切な刺激は、健康状態を改善すると認められている。

では、眠りに誘うツボはあるのだろうか。調べてみると、ツボの数詞は「穴《けつ》」で、頭部に2穴、足首に1穴、足の裏に2穴、手首に2穴、手に2穴ある！　手にあるのは、親指の骨と人差し指の骨が接合する部分の「合谷《ごうこく》」と、爪の生え際の「井穴《せいけつ》」だ。

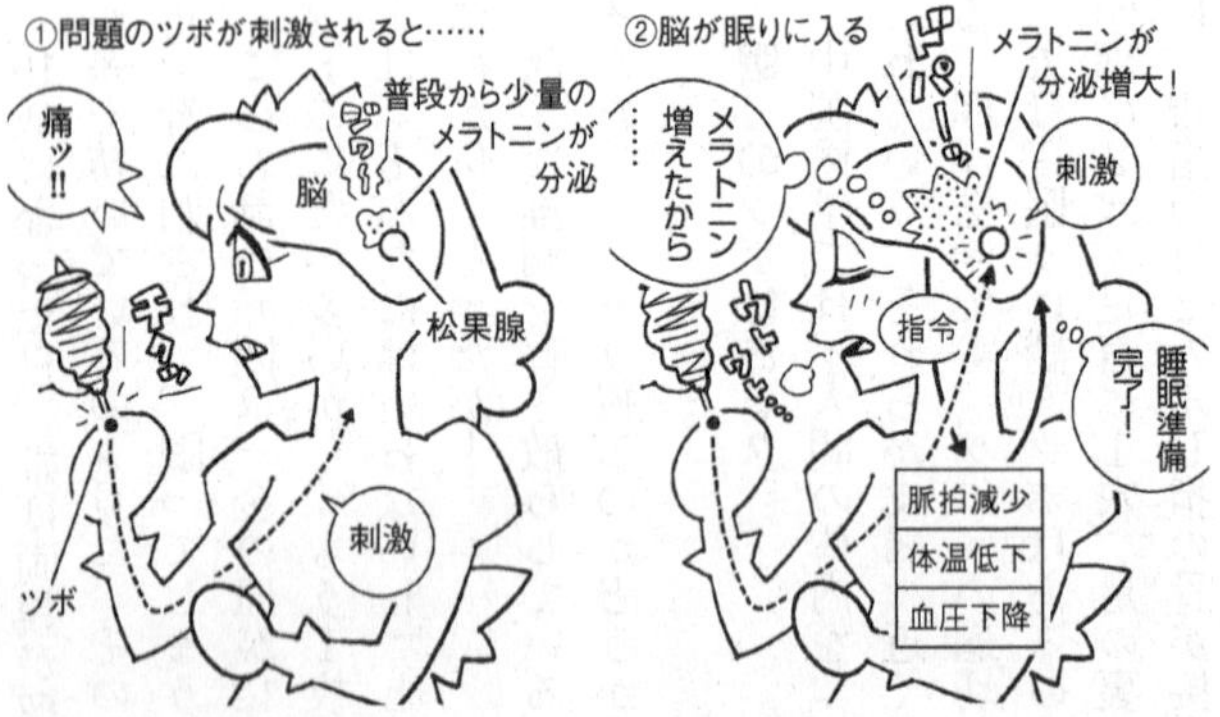

[図1] 針を刺してメラトニンの分泌を増大させた……のかなあ

う～む、眠りのツボがこんなにあったら、仕事の最中にうっかり突いてしまい、大変なことになるのでは……と心配になるが、これらはいずれも血行や体温や心臓の働きを整えるツボで、就寝前に刺激すると、気持ちよく眠れるという。ツンと突いたら、ただちにグーというようなものではないわけだ。

ところが眠り姫の場合は、糸車の針で指を刺すや、たちどころに眠ってしまった。あまりの即効性である。

人間が眠くなるのは、メラトニンというホルモンの働きだ。メラトニンは脳の「松果《しょうか》腺《せん》」という場所から分泌され、脈拍、体温、血圧を下げる。これによって、脳が「眠るための準備が整った」と判断し、眠りに入る。

メラトニンは、昼間も少しずつ分泌されているが、朝日を浴びてから15時間経つと、大量に分泌される。朝7時に目覚めた人は、15時間後の午後10時になるとモーレッツに眠くなるわけだ。毎日同じ時間に眠くなるのは、そういう理由があったのか【図1】。

などと、いろいろ調べても、フッーの眠りに関することがわかるだけで、お姫さまの即効の眠りについては全然わかりません……。

眠る前のお姫さまを想像すると!?

しかし、お姫さまが100年眠ったのは『眠りの森の美女』における厳然たる事実。人間というものは、そんなに眠って大丈夫なのだろうか。

心配なのは、人間は眠っているあいだも栄養分を必要とすることだ。その消費量は、年齢、性別、身長、体重によって変わってくるが、15歳のお姫さまが、身長160㎝、体重45kgだったとすると、寝ているあいだに消費するエネルギーは一日に1180キロカロリー。100年とはうるう年も入れて3万6525日だから、その間には4300万キロカロリーが必要だ。

お姫さまは眠っているのだから、点滴でもしない限り、このエネルギーは体内に蓄えた脂肪から取り出すしかない。それに必要な脂肪は4t789kg。単純に考えるならば、お姫さまは眠る前の体重が45kg＋4t789kg＝4t834kgないと、寝ているあいだに餓死してしまうことになるのだ。美しさの基準は時代と地域によって変わるものだが、いくらなんでも5t近く⁉　それはもう、インドゾウの体重だよ。

物語は、それから100年後、王子さまが近くを通りかかり、眠っているお姫さまを見初める……という展開になる。キスをしたらお姫さまは目覚めて、めでたく年の差100歳のカップルが誕生したわけだ。王子さまはモーレツに年上の女性が好みだったのだろうか……。

王子さまにとっては、やってきたのが100年後で、本当によかった。体重5t弱で眠りについたお姫さまは、寝ているあいだに体内のエネルギーを消費して、どんどんスリムになっていくが、王子さまがやってきたのが50年後だったら、彼女の体重はまだ2tと439kgもある！　90年後でも524kg！　99年後だと93kg、99年と半年後なら69kg。ふーむ、このあたりはもうお好み次第ですなあ。

また、逆に100年を過ぎると、1ヵ月後なら41kg、3ヵ月後なら33kg、半年後だったら21kg……。こうなると、お姫さまの命さえ危うかったことになる。

科学的に考えれば、ジャスト100年後だったからこそ、王子さまは美しく元気なお姫さまに出会えたわけである。まさに恋はタイミングであります。

映画『遊戯王』で、海馬瀬人は軌道エレベーターでたちまち宇宙へ行ったが、いずれ実現する技術？

『遊戯王』の映画版『遊戯王 ザ・ダーク・サイド・オブ・ディメンションズ』は、ヒジョ〜に楽しいお話だった。ストーリーも壮大で、デュエルも大迫力。でも、何よりも筆者のココロをとらえたのは、主人公のライバル・海馬瀬人《かいばせと》が、軌道エレベーターに乗って宇宙へ行ったシーンである。

海馬は、高校生にして、大企業・海馬コーポレーションの社長という大人物だ。だからなのか、宇宙へ行くというのに、まったくの普段着（まあ、変わった普段着だが）。そして、卵型のカプセルに一人乗り込むと、普通に椅子に座り、シートベルトなども締めずに、不敵な笑みを浮かべて、ものすごいスピードでギューンと昇っていく。どう見ても「大企業のオーナー社長が自分専用のエレベーターで社長室まで……」といった雰囲気なのだ。確かに軌道「エレベーター」という名前だけど、ホントに普通のエレベーターみたいに使っている！

しかも、海馬が宇宙へ行った理由がすごい。劇中に「千年パズル」という立体パズルが出てくるのだが、アッという間に宇宙に着いた海馬は、そのパーツを無重力のなかに浮かべて組み立て始める。つまり、海馬が宇宙まで行ったのは、パズルを解くためだった！

もちろん、千年パズルを解くことはストーリーのうえできわめて重要だったのだが、パズルを解くためだけに宇宙へ行った人は、このヒトくらいでしょうなあ。並の人物ではない。

本稿では、海馬社長のオドロキの宇宙の旅について考えてみたい。

実在する軌道エレベーター計画

軌道エレベーターは、現実の世界でも計画されている。

赤道上空3万6千kmを飛ぶ人工衛星は、24時間で地球を一周する。地球も24時間で一周するから、こうした衛星は、地上からは宇宙のある一点に静止しているように見える。それゆえ「静止衛星」といい、衛星放送や、気象観測に使われている。

この静止衛星から、地上までケーブルを垂らし、エレベーターを往復させようというのが、軌道エレベーターの構想だ。その頂上は当然、高度3万6千kmだから、現在の国際宇宙ステーションの軌道・地上400kmの90倍である。

この壮大な建造物は、以前は「理論的には可能だが、実現は困難」といわれていた。エレベーターを吊り下げるどころか、ケーブル自身の重さに耐えられる素材が、開発の目処《めど》さえ立たなかったからだ。しかし1991年に開発された「カーボンナノチューブ」という強靭《きょうじん》な物質がケーブルに使える可能性が出てきたため、実現に向けた取り組みが始まった。

『遊戯王』の世界では、この軌道エレベーターが実現しているわけだ。しかも、ケーブルが吊り下がっているだけでなく、立派な塔の形をしている。そのうえ、エレベーターの入り口には、海馬が社長を務めるゲーム関連企業・海馬コーポレーションのロゴマーク「KC」が掲げられており、頂上のステーション部も「KC」のカタチ。海馬コーポレーションは、軌道エレベーターを自社で所有しているということだろう。

しかし軌道エレベーターは、ケーブルだけのものでも、1〜2兆円かかると見込まれている。立派な塔の形状となると、いくらかかるんだろう？

高さ634mの東京スカイツリーは、650億円をかけて建設された。1mあたりおよそ1億円という計算になり、これと同じなら、海馬コーポレーションの軌道エレベーターの建造費は3600兆円【図1】！

わが国の2018年度国家予算は97兆7128億円（一般会計歳出概算額：財務省）。その37年分をポンと出せる海馬コーポレーションって、どんな大財閥なのか。筆者には想像もできません。

乗り心地はどうなのか？

海馬コーポレーションの軌道エレベーターは、スピードもすごかった。海馬が椅子に座るとドアが閉まり、猛スピードで上昇し始める。

20秒経ったところで画面が暗転し、次のシーンで海馬は宇宙（頂上）に着いていた。

［図1］すごいエレベーターだし、すごい社長である

暗転が入ったので正確な時間はわからないが、なんだかとっても短い時間で着いたような感じなのだ。

前述したように、軌道エレベーターの頂上は、赤道上空3万6千km。時速320kmの東北新幹線はやぶさでも、4日と17時間かかる距離だ。実際の軌道エレベーター計画では、昇降のスピードは時速200kmほどと想定されている。これだと、宇宙まで1週間と半日かかることになる。

もちろん、海馬はそんなにノンビリと宇宙の旅を楽しんではいなかった。食料や寝具が準備されていた様子もなく、普通に椅子に座っていたから、映画を見た印象からすれば、う〜ん、10分ぐらい乗っていたのかなあ。

だが、そんな短時間で3万6千kmを旅すると、大変なことになる。問題は、乗っているのがエレベーターであることだ。

普通のエレベーターでも、上昇するときに、スピードが上がり始めると体がグ〜ッと重くなり、速度が一定になるとそんな感じはなくなるが、スピードが落ち始めると体がフワリと浮くように感じる。高度3万6千㎞まで10分で昇ったりしたら、これの凄まじいのが起きる。

しかも、大事なことだから繰り返すけど、海馬は普通の椅子に座っていたし、その椅子は普通に床に置いてあった。現実のロケットで飛び立つ宇宙飛行士たちは、背骨に負担がかからないように、座席には仰向けに座るが、ああいう座り方ではない、とっても普通の座り方【図2】。すると、どうなるか。

海馬にかかる負担がもっとも小さくて済むのは、前半の5分はスピードを上げながら1万8千㎞上昇し、後半の5分はブレーキをかけながら1万8千㎞を昇るという方法だ。

負担が小さいといっても、加速中の5分間、海馬は下向きに体重の41倍、すなわち41Gで押しつけられる。海馬の体重は65㎏という設定なので、2・6tになる。メチャクチャ苦しい宇宙の旅……どころか、海馬のように背骨を床に対して垂直にして座っていると、背骨が圧潰《あっかい》すると思う。

いや、どんな姿勢で座っていようと、そして海馬のカラダがどれほど強靭であった

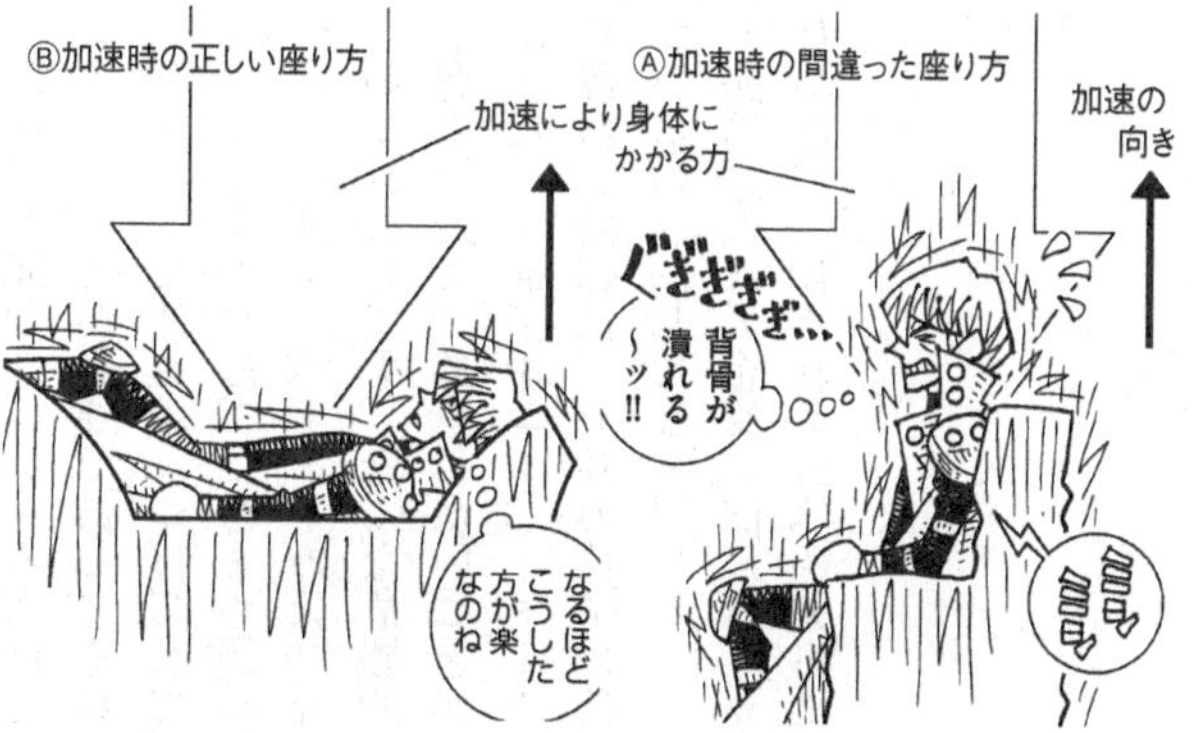

［図2］ムダな抵抗かもしれないけど、せめてⒷのような座り方を！

としても、41Gの重圧を受けた椅子はぶっこわれ、床が抜けて、海馬は宇宙空間に置き去りにされるだろう。その後は、無人のエレベーターだけが昇っていく……。

天井にも椅子があるといい

海馬の安全のために、エレベーターはもっと時間をかけて昇ったのだと考えよう。

たとえば、加速に30分、減速に30分、合わせて1時間かけたとすると、かかる力は1・1Gで済む。出発直後は、地球の重力もかかるので、合わせて2・1Gになるけれど、高度が上がると重力は小さくなり、だんだん1・1Gに近づいていく。おお、これなら椅子にまっすぐ座っていても問題ないし、体にかかる負担も、地上で椅子に座っているのと変わらない。グッと快適になりましたな〜。

減速中の30分も、かかる力は1・1G。ただし、体が上向きに引っ張られるから、シートベルトが必要である。それでも、この状態は、地上で天井に椅子を固定し、シートベルトで体を縛りつけられて、そこに座っているのと同じ。もしシートベルトが外れようものなら、たちまち頭から床に激突！という体勢だ。海馬の場合は、頭をぶつけるのはエレベーターの天井なんだけど。

いずれにしても、そんな危機的状態で30分。あまりにも乗り心地が悪い！

海馬社長に、進言したいことがある。どうしても軌道エレベーターで宇宙へ行きたかったら、椅子をエレベーターの天井にもつけましょう。そして、加速から減速に切り替わる瞬間に、天井の椅子に移動する。これなら、後半の30分も椅子に普通に座っているのと同じになる。

海馬瀬人は大企業・海馬コーポレーションの社長。あなた一人のカラダではないのだから、くれぐれもお体を大事にしていただきたい。

「お客さまのなかに、お医者さまは?」というアナウンス。
実際に機内に医師が乗っている確率は?

マンガやアニメのなかのできごとに限らず、「考えてみたら、ちょっと気になる」ことに遭遇することがある。

客室乗務員が「お客さまのなかに、お医者さまはいらっしゃいませんか？」と問いかけるシーンは、テレビドラマなどによく出てくるけど、実際にもあり得る話だ。筆者の友人の医師も、飛行機のなかで「お医者さまはいらっしゃいませんか？」と聞かれて、名乗り出たことがあるという。

すると気になるのは、医師が飛行機に乗っている確率は実際どのくらいなのか、ということだ。

また、筆者がしばしば受ける質問のなかには「走る電車のなかでジャンプした瞬間、電車が止まったらどうなりますか？」とか「全人類が一斉にジャンプしたら地球はどうなりますか？」など、やってみたらわかるだろうけど、現実的には実践が難しい問題がある。これらも「言われてみれば、確かに気になる」問題だ。「紙を数十回折ると厚さが月に届くと聞くけど、それを実現した人がいないのはなぜ？」という疑問もその一つ。

実際にわれわれが生きている世界も、謎に満ち満ちておりますなあ。本稿では、これら身近で意外とわからない謎について考えてみよう。

［図１］満席のジャンボなら確率は74%。それより小さな機だと、確率は下がる

お医者さまがいらっしゃる確率は？

まず「お客さまのなかに、お医者さまはいらっしゃいませんか？」というアナウンス。筆者も飛行機に乗っているときに一度聞いて「本当にあるのだなあ」と思ったが、考えてみれば、当たり前だ。人間、飛行機に乗っているときに具合が悪くなることだってあるだろう。そう思えば、実際に医者が乗っている確率がどれくらいなのか、ぜひとも考えておきたい。

厚生労働省のデータによれば、日本の医師の人数は、２０１４年12月末で31万１２０５人。同年の日本の人口は１億２７０８万人だから、国民の４０８人に１人は医師ということになる。

では、そのうち１人でも飛行機に乗っている確率は？

計算すると、245人乗りのエアバスA350が満席の場合、45%。550人乗りのジャンボジェットなら74%【図1】。おおっ、意外に高い。

ただし、これは「医師の乗っている確率」であって、何科の医師なのかまではわからない。専門外の症状だったら大変では……と思って調べると、医師は法律上、専門にかかわらずどんな診療もできることになっている。乗っていたのが何科のお医者さんでも、とりあえずの処置はやってもらえるはずだ。

冒頭で記した筆者の友人は内科医だが、そのときの患者の症状は何だったのだろう？　聞いてみたところ、なんとそれは「酔っ払い」。ええっ、そんなコトで!?　飛行機に乗っているときに、酒酔いで呼ばれるお医者さんも大変ですなあ。

とはいえ他人ごとではない。筆者は、講演会などで出張に行ったとき、帰路の飛行機に乗る前に空港のレストランで、当地の銘酒・名物を堪能するのを無上のヨロコビとしているので、ちょっと気をつけなければ……と思いました。

ジャンプの瞬間、電車が止まったら？

走っている電車のなかでジャンプした瞬間、電車がピタッと止まったらどうなるのだろう？　これは、皆さんにもぜひ想像してみてもらいたい。

そもそも、走行中の電車でジャンプしても、跳び上がったのと同じ場所に着地する

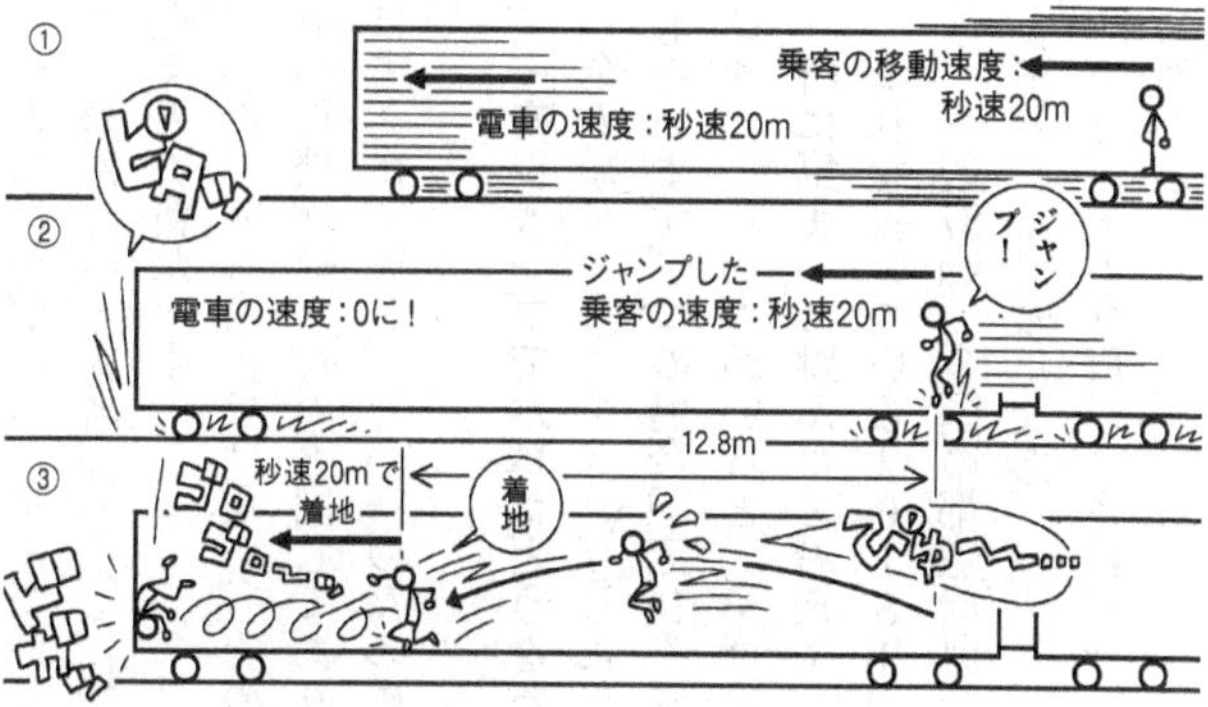

［図2］いきなり電車が止まったら、ジャンプした人だけが跳んでいく！

のはなぜだろうか。電車は動いているのだから、その床から足を離したら、たちまち置いていかれそうな気がする。そうならないのは、乗っている人も電車と同じスピードで進んでいるから。自分はまっすぐ上に跳んだつもりでも、実際には斜め上に跳び立っているのだ。たとえば高さ50cmまでジャンプすると、地上で跳んでも、走る電車のなかで跳んでも、0・64秒後に着地する。電車が時速72km＝秒速20mで走っていた場合、跳んでいるあいだもそのスピードで前に進むから、秒速20m×0・64秒＝12・8mだけ前方に着地する。でも、電車もその間に12・8m進んでいるのだから、電車の床の同じ場所に着地することになる。

　では、電車がピタッと止まったら？　この場合は大変だ。電車は止まったのだから、跳んだ人だけが前にスッ飛んでいく。ジャンプと同時に電車が止まったら、そのヒトがスッ飛んでいく距離はなんと12・8m。走り幅跳びの世界記録は8m95cmだから、軽々と更新だっ！

喜んでいる場合ではない。その着地のスピードは時速72km。同じ速度で走っている車から飛び降りたのと同じであり、命の保証はできない。電車がピタッと止まることは考えにくいが、万が一のために車内ではジャンプは控えたほうがよろしい**【図2】**。

一斉ジャンプで地球はどうなる？

「全人類が一斉にジャンプしたら、地球はどうなりますか？」という質問、たくさんもらいます。この場合、それぞれが住んでいる場所でジャンプすると、反対の場所でジャンプした人がいると、ジャンプの効果が打ち消し合ってしまうので、全人類が一ヵ所に集まって跳んだと考えよう。

これを書いている2018年現在、地球人口は75億人。1m間隔で正方形に並んだら、一辺87km。全国の都道府県で面積15位の熊本県ぐらいの広さになる。意外と小さくまとまるものだなあ。

では、その全員が一斉にジャンプしたら、どうなるか。たとえば、地球は反対向きに動く……とか？

人類の平均体重を老若男女合わせて60㎏とすると、全員の合計体重は4億5千万t。これに対して、地球は60垓《がい》t＝60兆×1億tで、全人類の13兆倍。この結果、地球は全人類が飛んだ高さの13兆分の1だけ、反対向きに動く。全人類の平均ジャンプ力を40㎝とすると、0・0000000003㎜。これは原子の直径の1万分の3。そして着地と同時に、元の位置に戻る。ふーむ、何も起こらないのと同じですなあ。

紙を何回折れば、月まで届く？

紙を折り続けると、やがてその厚みが月に届く。折る回数は、たったの42回である。しかし、地球と月は、中心同士の距離が38万4千㎞も離れている。これに対して、紙の厚さは0・1㎜ほど（コピー用紙の場合）。これを42回折るだけで月に届くとは、感覚的には信じがたいものがある。

紙を1回折ると厚さは2倍になり、2倍を10回繰り返すと1024倍になる。10回折った段階で、厚さは0・1㎜×1024＝102・4㎜。約10㎝だ。

ここからどんどん厚くなっていき、20回折ると105m。23回で839m、東京スカイツリー（634m）を超える。26回で6711mとなり、なんと富士山（3776m）を上回る！

さらに30回で107㎞となって、宇宙に飛び出し（一般に高度100㎞以上を「宇宙」という）、40回で10万9951㎞、41回で21万9902㎞、42回で43万9805㎞。ここで、地球と月の距離38万4千㎞を超えることになる。つまり「42回折ると、月に届く」。うーん、倍々ゲームはオソロシイなあ。

しかし、たったの42回。なぜこれを実現しようという人がいないのだろうか。もちろん、何度か折るうちに折り目が固くなって折れなくなるのだが、それが解決できたとしても、大きな問題がある。

それは、折るごとに紙の面積が半分になっていくことだ。2倍を42回繰り返すと、およそ4兆4千億倍になる。ということは、厚さが4兆4千億倍になる代わりに、面積が4兆4千億分の1になるということ。

最終的に一辺1㎝の正方形にしようと思ったら、最初の一辺は21㎞。東京の新宿から、千葉県浦安市にまたがる紙ということだ！　そんな紙をどうやったら作れるか、作れたとしてもどこでどうやって折るかが大問題……なのである。

デザイン　塩田裕之（3シキグラフィックス）
本文イラスト　近藤ゆたか
編集&監修　空想科学研究所

本書は『ジュニア空想科学読本』シリーズ、および『空想科学読本』シリーズなどに収録された内容を大幅に加筆修正して再構成したものです。

また、本書では、計算結果を必要に応じて四捨五入して表示しています。したがって、読者の皆さんが、本文に示された数値と方法で計算しても、まったく同じ結果にはならない場合がありますが、間違いではありませんのでご了承ください。

空《くう》想《そう》科《か》学《がく》読《どく》本《ほん》

滅《ほろ》びの呪文《じゅもん》で、自分《じぶん》が滅《ほろ》びる！

柳《やなぎ》田《た》理《り》科《か》雄《お》

平成30年 7月25日　初版発行
令和7年 2月5日　5版発行

発行者●山下直久

発行●株式会社KADOKAWA
〒102-8177　東京都千代田区富士見2-13-3
電話　0570-002-301（ナビダイヤル）

角川文庫 21041

印刷所●株式会社KADOKAWA
製本所●株式会社KADOKAWA

表紙画●和田三造

●お問い合わせ
https://www.kadokawa.co.jp/（「お問い合わせ」へお進みください）
※内容によっては、お答えできない場合があります。
※サポートは日本国内のみとさせていただきます。
※Japanese text only

ISBN978-4-04-102637-3　C0195

角川文庫発刊に際して

角川源義

第二次世界大戦の敗北は、軍事力の敗北であった以上に、私たちの若い文化力の敗退であった。私たちの文化が戦争に対して如何に無力であり、単なるあだ花に過ぎなかったかを、私たちは身を以て体験し痛感した。西洋近代文化の摂取にとって、明治以後八十年の歳月は決して短かすぎたとは言えない。にもかかわらず、近代文化の伝統を確立し、自由な批判と柔軟な良識に富む文化層として自らを形成することに私たちは失敗して来た。そしてこれは、各層への文化の普及滲透を任務とする出版人の責任でもあった。

一九四五年以来、私たちは再び振出しに戻り、第一歩から踏み出すことを余儀なくされた。これは大きな不幸ではあるが、反面、これまでの混沌・未熟・歪曲の中にあった我が国の文化に秩序と確たる基礎を齎らすためには絶好の機会でもある。角川書店は、このような祖国の文化的危機にあたり、微力をも顧みず再建の礎石たるべき抱負と決意とをもって出発したが、ここに創立以来の念願を果すべく角川文庫を発刊する。これまで刊行されたあらゆる全集叢書文庫類の長所と短所とを検討し、古今東西の不朽の典籍を、良心的編集のもとに、廉価に、そして書架にふさわしい美本として、多くのひとびとに提供しようとする。しかし私たちは徒らに百科全書的な知識のジレッタントを作ることを目的とせず、あくまで祖国の文化に秩序と再建への道を示し、この文庫を角川書店の栄ある事業として、今後永久に継続発展せしめ、学芸と教養との殿堂として大成せんことを期したい。多くの読書子の愛情ある忠言と支持とによって、この希望と抱負とを完遂せしめられんことを願う。

一九四九年五月三日

角川文庫ベストセラー

空想科学読本
3分間で地球を守れ!?
柳田理科雄

『ウルトラマン』『ONE PIECE』『名探偵コナン』『シン・ゴジラ』『おそ松さん』など、世代を超えて愛されるマンガ、アニメ、特撮映画を科学的に検証!

空想科学読本
正義のパンチは光の速さ!?
柳田理科雄

『空想科学読本』シリーズから、よりすぐりのネタを集めた文庫の第2弾。『銀魂』『黒子のバスケ』『新世紀エヴァンゲリオン』『キャプテン翼』など、新旧の人気少年マンガを中心に全面改訂でお届けする。

一房の葡萄
有島武郎

ジムの絵の具がほしい。絵を描くことが好きな僕は、葡萄の季節、思わずこっそり絵の具に手を伸ばした。怒られるかと思ったのに、ジムは怒らなかった——。人生の機微を惜しみなく描いた八編の童話を収録。

羅生門・鼻・芋粥
芥川龍之介

荒廃した平安京の羅生門で、死人の髪の毛を抜く老婆の姿に、下人は自分の生き延びる道を見つける。表題作「羅生門」をはじめ、初期の作品を中心に計18編。芥川文学の原点を示す、繊細で濃密な短編集。

蜘蛛の糸・地獄変
芥川龍之介

地獄の池で見つけた一筋の光はお釈迦様が垂らした蜘蛛の糸だった。絵師は愛娘を犠牲にして芸術の完成を追求する。両表題作の他、「奉教人の死」「邪宗門」など、意欲溢れる大正7年の作品計8編を収録する。

角川文庫ベストセラー

麻雀放浪記　全四巻　阿佐田哲也

終戦直後の上野不忍池付近、博打にのめりこんでいく"坊や哲"。博打の魔性に憑かれ、技と駆け引きを駆使して闘い続ける男たちの飽くなき執念を描いた戦後大衆文学最大の収穫!!

高野聖　泉　鏡花

飛騨から信州へと向かう僧が、危険な旧道を経てようやくたどり着いた山中の一軒家。家の婦人に一夜の宿を請うが、彼女には恐ろしい秘密が。耽美な魅力に溢れる表題作など5編を収録。文字が読みやすい改版。

D坂の殺人事件　江戸川乱歩

名探偵・明智小五郎が初登場した記念すべき表題作を始め、推理・探偵小説から選りすぐって収録。自らも数々の推理小説を書き、多くの推理作家の才をも発掘してきた大乱歩の傑作の数々をご堪能あれ。

伊豆の踊子　川端康成

孤独の心を抱いて伊豆の旅に出た一高生は、旅芸人の十四歳の踊り子にいつしか烈しい思慕を寄せる。青春の慕情と感傷が融け合って高い芳香を放つ、著者初期の代表作。

雪国　川端康成

国境の長いトンネルを抜けると雪国であった。「無為の孤独」を非情に守る青年・島村と、雪国の芸者・駒子の純情。魂が触れあう様を具に描き、人生の哀しさ美しさをうたったノーベル文学賞作家の名作。

角川文庫ベストセラー

裸の王様・流亡記　　開高　健

戦後文学史に残る名作が、島本理生氏のセレクトにより復刊。人間らしさを圧殺する社会や権力を哄笑し、なまなましい生の輝きを端正な文章で描ききった、開高健の初期作品集。

檸檬　　梶井基次郎

私は体調の悪いときに美しいものを見るという贅沢をしたくなる。香りや色に刺激され、丸善の書棚に檸檬一つを置き——。現実に傷つき病魔と闘いながら、繊細な感受性を表した表題作など14編を収録。

蟹工船・党生活者　　小林多喜二

ソ連領海を侵して蟹を捕り、船内で缶詰作業も行う蟹工船では、貧困層出身の人々が過酷な労働に従事している。非人間的な扱いに耐えかね、労働者たちは立ち上がったが……解説が詳しく読みやすい新装改版！

白痴・二流の人　　坂口安吾

敗戦間近。かの耐乏生活下、独身の映画監督と白痴女の奇妙な交際を描き反響をよんだ「白痴」。優れた知略を備えながら二流の武将に甘んじた黒田如水の悲劇を描く「二流の人」等、代表的作品集。

堕落論　　坂口安吾

「堕ちること以外の中に、人間を救う便利な近道はない」。第二次大戦直後の混迷した社会に、かつての倫理を否定し、新たな考え方を示した『堕落論』。安吾を時代の寵児に押し上げ、時を超えて語り継がれる名作。

角川文庫ベストセラー

走れメロス　太宰治

妹の婚礼を終えると、メロスはシラクスめざして走りに走った。約束の日没までに暴虐の王の下に戻らねば、身代わりの親友が殺される。メロスよ走れ！　命を賭けた友情の美を描く表題作など10篇を収録。

人間失格　太宰治

無頼の生活に明け暮れた太宰自身の苦悩を描く内的自叙伝であり、太宰文学の代表作である「人間失格」と、家族の幸福を願いながら、自らの手で崩壊させる苦悩を描き、命日の由来にもなった「桜桃」を収録。

ジョゼと虎と魚たち　田辺聖子

車椅子がないと動けない人形のようなジョゼと、管理人の恒夫。どこかあやうく、不思議にエロティックな関係を描く表題作のほか、さまざまな愛と別れを描いた短篇八篇を収録した、珠玉の作品集。

時をかける少女〈新装版〉　筒井康隆

放課後の実験室、壊れた試験管の液体からただよう甘い香り。このにおいを、わたしは知っている――思春期の少女が体験した不思議な世界と、あまく切ない想いを描く。時をこえて愛され続ける、永遠の物語！

家出のすすめ　寺山修司

愛情過多の父母、精神的に乳離れできない子どもにとって、本当に必要なことは何か？「家出のすすめ」「悪徳のすすめ」「反俗のすすめ」「自立のすすめ」と四章にわたり現代の矛盾を鋭く告発する寺山流青春論。

角川文庫ベストセラー

或る「小倉日記」伝　松本清張

史実に残らない小倉在住時代の森鷗外の足跡を、歳月をかけひたむきに調査する田上とその母の苦難。芥川賞受賞の表題作の他、「父系の指」「菊枕」「笛壺」「石の骨」「断碑」の、代表作計6編を収録。

注文の多い料理店　宮沢賢治

二人の紳士が訪れた山奥の料理店「山猫軒」。扉を開けると、「当軒は注文の多い料理店です」の注意書きが。岩手県花巻の畑や森、その神秘のなかで育まれた九つの物語からなる童話集を、当時の挿絵付きで。

銀河鉄道の夜　宮沢賢治

漁に出たまま不在がちの父と病がちな母を持つジョバンニは、暮らしを支えるため、学校が終わると働きに出ていた。そんな彼にカムパネルラだけが優しかった。ある夜二人は、銀河鉄道に乗り幻想の旅に出た——。

不道徳教育講座　三島由紀夫

大いにウソをつくべし、弱い者をいじめるべし、痴漢を歓迎すべし等々、世の良識家たちの度肝を抜く不道徳のススメ。西鶴の『本朝二十不孝』に倣い、逆説的レトリックで展開するエッセイ集。現代倫理のパロディ。

螢川　宮本輝

思春期の少年の心の動きと、螢の大群の絢爛たる乱舞をあでやかに描く芥川賞受賞作「螢川」。安治川河畔に住む少年と川に浮かぶ廓舟で育つ姉弟のつかの間の交遊を描く、太宰治賞受賞作の「泥の河」も併録。

角川文庫ベストセラー

舞姫・うたかたの記　森鷗外

若き秀才官僚の太田豊太郎は、洋行先で孤独に苦しむ中、美貌の舞姫エリスと恋に落ちた。19世紀のベルリンを舞台に繰り広げられる激しくも哀しい青春を描いた「舞姫」など5編を収録。文字が読みやすい改版。

山椒大夫・高瀬舟・阿部一族　森鷗外

安寿と厨子王の姉弟の犠牲と覚悟を描く「山椒大夫」、安楽死の問題を扱った「高瀬舟」、封建武士の運命と意地を描いた「阿部一族」の表題作他、「興津弥五右衛門の遺書」「寒山拾得」など歴史物全9編を収録。

ぼくがぼくであること　山中恒

ひき逃げ事件の目撃、武田信玄の隠し財宝の秘密、薄幸の少女夏代との出会い……家出少年、小学六年生の秀一の夏休みは、事件がいっぱいで、なぜかちょっと切ない。学校、家庭、社会を巻き込む痛快な名作。

ドグラ・マグラ（上）（下）　夢野久作

昭和十年一月、書き下ろし自費出版。狂人の書いた推理小説という異常な状況設定の中に著者の思想、知識を集大成し、〝日本一幻魔怪奇の本格探偵小説〟とうたわれた、歴史的一大奇書。

火の鳥　全13巻　手塚治虫

永遠の命とはなにか。不死の〈火の鳥〉を軸に、人間の愛と生、死を、壮大なスケールで描く。天才手塚治虫が遺した不滅のライフワーク。各巻カラーイラストの表紙、巻頭に十六頁カラーを掲載。